JN114312

存続発展の有効施策を導く

経営診断ノート

中川三樹 著

ビジネス教育出版社

はじめに

　本書は、既出版の『自社経営診断で儲かる会社に変身する法』に、多くの追記事項を加えた改訂版です。

　いま、近来にない激動の時代を迎え、企業経営は格段に厳しさを増しています。

　特に、最大の難題といえるのは、後継者不足の問題でしょう。

　経産省の発表によると、2025年迄に日本の企業の3分の1にあたる127万社が、後継者不足でやむなく廃業すると表明しています。

　これがコロナショックで、さらに早まり、また、事態をさらに悪化させて仕入先、下請先、販売先の休廃業、倒産の続出で、日本経済の大混乱が危惧されています。

　経営者にとって、この厳しい事態をいかに乗り切るか、真の経営力が問われています。

　そこで本書は、会社の真の力を把握する経営診断力を養い、ひいては経営改善・事業改革の一助となるべく、経営内容の実態を確認し、存続発展の有効施策を導き出す方法を提示します。

　本書の主な特徴を挙げると次のとおりです。

　1．経営者による自社の経営診断は、問題点の「即、見える化」に役立ちます。

　2．各部門にわたって利益獲得力強化策、体質強化策を詳説しています。問題点を改革し、さらなる利益獲得力アップや経営体質強化のツールとして活用できます。

3．経営診断には多くの評価項目がありますが、中堅中小企業経営に最も影響を及ぼす、41 項目に絞って診断していきます。

この 41 項目と向き合うことで、ふだん見えなかった問題点や自社の強み、弱みなどが把握できます（小売業は 44 項目）。

4．最終的に各項目の診断レベルをまとめると、自社の経営内容の総合的判定ができます。

仮にいま業績が悪くなっているとして、健全経営を維持しているものの、外部環境の悪影響によって、自社の業績が悪化しているのか、そもそもの自社の競争力（利益獲得力の低下・経営管理力の拙劣等）が低下しているのかは、客観的に把握しなければなりません。

本書は、いち早く問題点をキャッチして改善し、健全経営を維持することを目的としています。

厳しさを増す経営環境のもと、本書を活用して自社の利益獲得力を強化し、さらなる健全経営を確立されることをお祈りします。

本書の構成

　本書は、まず**第1部**に、いま**日本企業が抱えている4大難題**とその対策を解説したのち、**第2部の利益獲得力**、**第3部の経営管理力**、**第4部の財務健全力**の3分野に分けて診断します。

　第5部は、**診断のまとめ**です。

●第1部　日本企業が抱えている4大難題とその対策

　[1]　新型コロナショックへの中堅中小企業の緊急の対策
　[2]　後継者難による大廃業時代の到来とその対策
　[3]　人手不足の深刻化とその対策
　[4]　先端IT技術（IOT、AI、ロボット、RPAなど）による第4次
　　　　産 業革命の到来と自社の影響と対策

●第2部　利益獲得力

　これは、「どの程度、稼ぐ力があるか」を評価するもので、企業にとって何より肝要です。

　第1章では、まず顧客の立場に立って、自社への満足度を推定し、自己診断します。

　これは利益獲得力の源泉です。得意先は、わが社をどう見ているか、満足しているか否かを、相手の立場に立って診断します。

　これにより自社の問題点を浮き彫りにでき、改善への着手がうながされます。

　第2章では、自社の競争力を診断します。

　商材力、営業力、得意先力などで自己診断します。

　加えて、それぞれの強化策を詳説しています。また、コラムに、話題の未来工業の成功事例を紹介しておきます。きっと参考になると思います。

第3章では、利益獲得力の源泉である自社の売上高成長力、1人当たり売上高、損益分岐点売上高比率などを診断します。

第4章では、収益力、生産性などを売上高総利益率、1人当たり経常利益、売上高経常利益率、総資本経常利益率、労働生産性などで診断します。

第5章では、赤字発生の要因と対策を詳説しています。コラムに、コスト削減で有名な前述した未来工業の実例を紹介しています。

ここまで**第2部**の13の診断項目は、A、B、C、Dランクで評価します。

●第3部　経営管理力

経営管理力は、利益を獲得し、企業を維持発展させていくための基盤となるものです。

また、財務の健全力を確立し、維持強化していくためのツールでもあります。

第1章では、業務管理力として、与信管理力、在庫管理力、品質管理力、納期管理力、作業管理力などのレベルを診断します。

コラム欄には、キヤノン、スズキの実例を紹介しています。

第2章では、社長の主な仕事である10項目についての取り組み、達成度合いを自己診断します。また、この改善策についても詳説しています。

第3章では、社長の経営能力、性格などによる経営への影響度を診断します。

第4章では、自社の社員はどの程度、仕事や待遇、職場内の人間関係などに満足しているかを、社員の立場に立って自己診断します。

　ここでも満足度向上策を詳説しています。

　コラム欄に前述の、社員満足度が日本一高いと言われている未来工業の実例を紹介しています。

　第3部の 21 の診断項目は、A^1、B^1、C^1、D^1 で評価します。

●第4部　財務健全力

　不況抵抗力、長短期の支払能力など財務体質の強弱を、数値で診断します。
　利益獲得力も肝要ですが、財務内容が不健全であれば、経営の存続自体が危ぶまれます。
　この意味で、財務体質の診断は必要不可欠の視点です。

　具体的には、自己資本比率、借入金月商倍率、流動比率、当座比率、固定長期適合率、手許流動性などを、本来必要とする数値を中心に業界平均値との比較も含め診断します。

　第4部の 6 の診断項目は、A^2、B^2、C^2、D^2 で診断します。

　以上、利益獲得力、経営管理力、財務健全力は、いずれも相互に補完し合って自社の経営体質を構成しています。
　図で表示すると、次のとおりです。

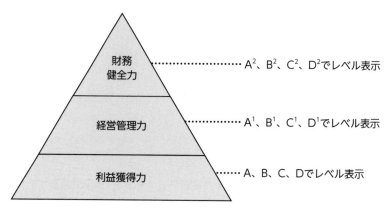

財務健全力 ┈┈┈┈┈┈ A^2、B^2、C^2、D^2でレベル表示

経営管理力 ┈┈┈┈┈┈ A^1、B^1、C^1、D^1でレベル表示

利益獲得力 ┈┈┈┈┈┈ A、B、C、Dでレベル表示

●第5部　診断のまとめ

　本書末尾の「自己診断まとめ表」に、診断 No.1 から No41 までの診断結果のレベルを第2部、3部、4部別に分類して転記します。

　続いて、それらを集計すると、第2部、3部、4部別のレベルが示されます。

　たとえば、第2部では計13診断項目のうちAが9、Bが3、Cが1のレベルと集計されます。

　これにより、自社の利益獲得力のレベルが把握できて、改善的や問題点が確認できます。

　次に、第2部、3部、4部別に「自己診断の評価の基準」を記述していますので、それを参照して自社のレベルを診断してください。

　加えて、「診断結果への補足提言」を記述していますので、まとめとして参考にしてください。

第3部
経営管理力のレベルを診断

第4部
財務の健全性を診断する･･････自社の財務体質をチェックし診断

第5部
診断のまとめ

第1部

いま、日本企業が抱える
4大難題と対策

　日本企業をめぐる環境は激変し、一段と厳しさを増しています。

　なかでも、特に中堅中小企業は企業の存続さえ左右する緊急かつ多くの課題を抱えています。

　そのなかで特に重要な次の4つの課題に絞り、本書をスタートします。

　この4つの難題が如何に自社の経営に影響を及ぼすか、対策はどのように講じたらよいかが問われています。

[1]　新型コロナショックへの中堅中小企業の緊急の対策
[2]　後継者難による大廃業時代の到来とその対策……日本の企業の3分の1が廃業の危機に迫られています。（経済産業省調査）
[3]　人手不足の深刻化とその対策
[4]　先端IT技術（IOT、AI、ロボット、RPAなど）による第4次産業革命の到来で自社への影響と対策

[1] 新型コロナショックへの中堅中小企業の緊急の対策

　2021年9月現在、新型コロナウィルスが猛威を奮い、世界経済に大打撃を与えています。

　日本でも、大企業から零細企業にいたるまで、生活関連サービス業（飲食業、宿泊業、観光業、娯楽業その他）、小売業、卸売業、製造業、建設業、運輸業、など多くの業界に多大な悪影響を与えています。（一部の巣ごもり特需の業種を除く）

　いつ収束するか、どこまで景気が悪化するかの見通しが全く立たないなかで、特に懸念されるのは、中小企業の資金繰りの悪化です。このため多くの場合、緊急の課題は資金手当です。景気の急速な後退で、売掛金の回収難や売上減で損失が発生し、毎月の必要経費も支払いができず経営の行き詰まりが憂慮されます。

　このため中小企業は、コロナによる不景気が長引いたとしても、また、

売掛金の焦げ付きなど不測の事態が発生した場合でも、資金不足をきたさないための「現預金」をなんとしても手許におく必要があります。

そこで2020年は、政府の緊急経済対策で生まれた実質上、無担保、無利子の特別融資制度やその他の公的融資、銀行融資などを積極的に活用して、できるだけ現預金を手厚く確保することがコロナ不況に備える「企業生き残りの最善策」となり、多くの企業による活発な資金調達活動が行なわれました。

その結果2020年の倒産件数は、前年比7％減の7,773件と減少したのです。（東京商工リサーチ調べ）
しかし問題は、返済期限も迫るなか、売上げも低下し、新規の借入れ余力も少ないという状況が続いているということです。
その他、コロナショック以前までは健全な経営ができていた企業であっても、サプライチェーン（供給網）の寸断等で、事業継続が不能に追い込まれてしまうケースも増えています。具体的には海外からの仕入れ寸断や仕入先、下請先の衰退などで、商材や部品などの入荷に支障が出て、自社の経営に重大な悪影響を与えるのです。

これに加えて、今後の課題として懸念すべきは、前述の「日本企業の3分の1の経営者が2025年迄に高齢化を迎え、後継者不足で廃業する」という経済産業省の衝撃的な調査結果です。

このコロナショックの大不況を契機に、自社の財務内容悪化を懸念し、廃業の時機を早めてしまう企業も増えていくでしょう。
こうしてさらなる混乱が生まれていくと予想されます。

このため経営者は、一層の合理化の徹底、万一に備えて現行の販売先、仕入先、下請先などの廃業、倒産などの可能性も検証、販売先の新規開

拓、複数のサプライチェーンの構築を目指して、仕入先、下請先などの確保等の準備を今すすめておくことが肝要です。

[2]▌後継者難による大廃業時代とその対策

⑴　日本企業の3分の1が廃業へ

　前述したように、来る2025年までに日本の経営者の3分の1が後継者不足で廃業止むなしとされています。もし現実になれば650万人の雇用喪失と220兆円の国内総生産（GDP）が減少します（経済産業省試算）。

1)　日本経済への悪影響

　コロナ大不況の重圧も加わり、日本経済を支えているサプライチェーン（供給網）が寸断され、原材料、商材などの入出荷のルートが断たれることで、倒産、廃業など連鎖を呼び由々しき事態の到来が憂慮されます。

2)　自社への悪影響

　仕入先、販売先などの休廃業や倒産により自社の業務に重大な支障が発生してきます。

　特に地方の場合は、代替できる仕入先、販売先のメドはつきにくく、影響度は一段と甚大で地方経済の衰退を招きかねません。

　いずれにせよ、最悪の場合、自社の存続さえ揺り動かされる事態を予想して、サプライチェーンの複数化など予め対策を講じておくことが不可欠となります。

(2)　近年の廃業の現状

1)　廃業企業数の推移

年度	2015	2016	2017	2018	2020
件数	37,548	41,162	40,909	46,724	49,698

東京商工リサーチ調べ（件数は確認済企業数）

2)　倒産企業数の推移

年度	2015	2016	2017	2018	2020
件数	8,812	8,446	8,405	8,235	7,809

東京商工リサーチ調べ（件数は確認済企業数）
帝国データバンク調べ（2020 年）

　廃業は漸増し倒産は減少傾向にありましたが、今後、コロナ不景気の進展で倒産の激増が憂慮されます。

　3)　廃業企業には黒字企業も少なくありません。2018 年の廃業企業 46,724 社の約半数は黒字経営でした（従業員 20 人以下の企業が多い）

　4)　2017 年の廃業企業の経営者の年代別は次の通りです。
50 代（12.4%）、60 代（31.7%）、70 代（32.5%）、80 代（12.3%）以上の平均年齢は 66.7 歳です。

（資料）帝国データバンク

　5)　2025 年までに 70 歳超を迎える経営者は 245 万人、そのうちの 127 万人の経営者は、後継者のメドが立たず、自分の代で廃業するとしています。（一般的に 70 歳をメドに引退する経営者が多い）

(3)　中小企業の現状

　この衝撃的な大廃業時代にいかに対処するか、本項の本題ですが、ま

ずは日本の中小企業の現状について考察し、果してこの127万社の廃業が回避できないものか、その可否について検討します。

1)　中小企業の総数

2016年の日本企業の総数は359万社でそのうち法人会社が161万社であり、個人企業は198万社です（会社以外の法人を除く）。

このうち中小企業数は小規模企業で305万社、中規模企業は53万社で計358万社です。

（資料）　中小企業白書

また、2014年と2016年の企業数を比較すると小規模企業で20万社、中規模企業で3万社の減少で計23万社が減少しています。

大廃業時代は既に始まっているということです。

（資料）　中小企業白書（2019年版）

2)　資本金規模別同族企業の割合

日本の企業のほとんどが同族企業で、同族比率は、96.5％です。そのうち資本金1千万円以下の企業に限ると、97.3％まで同族比率は上昇します。また、資本金1千万円超1億円以下の企業も、92.6％が同族企業です。驚きなのは、資本金10億円超の企業のなかでも61.5％が同族企業で占めています。

（資料）商工総合研究所　国税庁「平成28年度分会社標本調査」

3)　欠損法人数

日本企業には、年々、赤字決算と黒字決算を繰り返している企業が65〜70％ありますが、次の図表もそれを示しています。

①　全法人1,689,427社のうちの63.5％の1,072,786社が欠損企業となっています（2016年度）。

いかに欠損企業が多いかが分かります。

② 欠損法人数と資本金階層別割合

年度	欠損法人数		資本金階級別の欠損法人割合（%）			
	法人総数	欠損割合（%）	1,000万円以下	1,000万円〜1億円	1億円〜10億円	10億円超
2000	1734441	68.4	75.0	61.2	47.5	46.7
2010	1877801	72.8	77.1	67.6	50.9	46.4
2015	1690859	64.3	66.6	51.8	25.0	19.4
2016	1689427	63.5	65.8	51.2	25.0	19.0

国税庁（会計標本調査）
欠損法人は所得が負または０のもの
欠損割合は、各階級の法人数全体に占める割合
連結子法人を除く

4） 経営者が引退を決意した理由

次に引退理由を確認します。

	事業承継した経営者(A)	（%）		廃業した経営者(B)	（%）
1	後継者の決定	49.4	1	経営者本人の高齢化と健康上の理由	56.9
2	経営者本人の高齢化と健康上の理由	44.1	2	収益の悪化、事業の見通しが立たない	46.1
3	想定引退年齢へ到達	38.3	3	想定引退年齢への到達	27.4
4	後継者の成熟	31.5	4	経営者の事業に対するヤル気の低下	24.8
5	業績の好転、事業の見通しが立った	14.4	5	経営環境の変化（情報など）に対応できなくなった	18.2

中小企業白書（2019年版）
三菱UFJリサーチ＆コンサルティング「中小企業・小規模事業者
における経営者の参入に関する調査」（2018年12月）

　このデータから読み取れるのは、事業承継した理由は、後継者の決定を除いては、「経営者の高齢化と健康上の理由」と「想定引退年齢への到達」が最も多いということです。

　一方の廃業の場合は、主に「業績の悪化、事業の見通しが立たない」や「事業に対するヤル気の低下」などの引退理由が目立ちます。

5)　後継者候補が承継に前向きでない理由は

　自身の能力の不足（57.7％）と将来性への懸念（57.4％）がトップです。次いで現在の仕事への関心（28.5％）で、その他、プライベートとの両立（26.2％）、家族の都合（20.8％）、雇われる方がメリットがある（15.8％）などです。

資料　中小企業白書。三菱ＵＦＪリサーチ＆コンサルティング「中小企業・小規模事業者における経営者の参入に関する調査」より抜粋（2018年12月）
・複数回答のため100％とならない

　◎　これをみると、**競争激化の時代、自身の会社経営能力と事業の将来性への不安が先立ち、責任の重大さと経営失敗のリスクを回避するため、いま従事している仕事を第一とする意向が強く示されています。**

　※従業員などへの承継は信用力不足で銀行への個人保証ができない場合と候補者自身がリスクを懸念して辞退するケースも少なくありません。

6)　現実味を帯びてくる127万社の廃業予定

　同族企業が大勢を占めているなかで、後継者候補が承継に消極的で定まらず、経営者も間もなく高齢化で引退時期を迎えます。

　経営者としても先行きに不安を感じており子息や親族などに積極的に承継しにくく、止むを得ず廃業へ向かっていきます。また

　特に欠損企業が6割強を占めているなかで、廃業企業の5割が黒字企業であった事実は、黒字、赤字を問わず多くの企業が廃業していくであろうことを示唆しています。

⑷　後継者がいない場合の廃業回避策

1)　M&A

　後継者がいない場合の廃業回避策として一般的なのはM&A（合併買収・Merger and Acquisition）の活用です。

　近年は海外企業の買収も含めて、大企業の間で盛んです。18 年度の日本企業の M&A の件数は 3,850 件で、金額は 29 兆 8,803 億円で過去最高です。本書ではこういった積極的な M&A ではなく、廃業を回避し、企業存続のため自社を売却するという M&A という観点で話を進めます。自社に関心をもつ企業を見つけ出し、買収させれば事業が存続でき従業員の生活を守ることができます。

　一方、M&A を活用し買収する側の企業の目的は、販売先の増強や技術力の強化などで、事業拡大や企業基盤の強化等です。では実際に M&A にはどんなメリットがあるの確認してみましょう。

　2）　M&A のメリット
① 　売却することで経営者自身は自社を退職しても自社が存続する
② 　自社売却代金が入金される
③ 　廃業と違い、経営資源の引き継ぎも比較的容易で、従業員、販売先などの不安も軽減される
④ 　買収側の企業の規模拡大、技術伝承、体質強化などに資し、ひいては日本経済の基盤強化に寄与できる

　3）　M&A を成立させる条件
　利益を計上できている間に、M&A に着手するのがベストです。一般的には欠損金額にもよりますが、1 ～ 2 年の欠損金額なら、まだ許容されますが、それ以上となると M&A は難しいようです。また**主要株主の賛同を得られることも大切**です。

　ただし、業績が悪い企業であっても M&A が成立するケースはあります。例えば
① 　適任の経営者の交替により、黒字企業に転換する見込み大の企業
② 　人手不足の企業が買収先企業の即戦力の人材を獲得する意図があ

る場合

などはM&Aが成立するケースもあります。

4)　一部買収の場合

丸ごとの買収ではなく、工場、設備、特定の支店や店舗のみを買収する方式の活用も考えられます。

後継者がいないから、欠損企業だから廃業しかないと決断する前に、まずはM&Aを検討してみるとよいでしょう。

5)　M&Aで第三者に売却する場合の注意点

①　引退の時期が決まっている場合は、できる限り早く交渉に着手しましょう。

M&Aは、交渉着手時から売却完了までに、場合によっては2～3年かかることもあります。

②　交渉は極秘事項として進めることが肝要です。

6)　事業承継の支援策の活用

①　公的支援策の活用

都道府県に設置されている「公的支援センター」が積極的に事業承継を推進しています。例えば、東京都事業承継・引継ぎ支援センターでは、相談や譲渡先の紹介は無料です。

事業承継の推進の税制の優遇措置もあります。

②　公的以外の支援策の活用

M&A先の紹介や相談を積極的に推進している銀行、商工会議所、商工会などもあり、特に近年、銀行の活用が目立ちます。

③　M＆Aの専門仲介業者の活用

売り手でも買い手でも相手先企業を探す場合は、金融機関に次いで専門仲介業者を活用するケースが増えてきています。

資料　東京商工リサーチ調査、中小企業白書（2021年版）

費用は会社によって様々なですが、売買金額の数％の手数料となるケースが多いです。また、インターネット上で買取先を募集するM＆Aの専用サイトも存在します。基本利用料が無料など安く、成功報酬型の専門仲介業者もあります。

中小企業白書にM＆Aを中心とする18の実例（2019年版）と13の実例（2021年版）が掲載されています。

事例自体は見開き1頁程度の簡単な紹介にとどまっていますが、次のURLから無料で誰でも読むことができます。

https://www.chusho.meti.go.jp/pamflet/hakusyo/2019/PDF/2019_pdf_mokujityuu.htm

[3]　人手不足の深刻化とその対策

(1)　コロナショックまでは、小子高齢化による働き手の減少による人手不足が常態化

各業界とも採用難で人手不足に悩み、多くの中小企業では、事業遂行に深刻な支障をきたしています。

特に、近年は人手不足による廃業や倒産する企業が散見されます。

従業員の退職や求人難、人件費アップで廃業や倒産を余儀なくされているのです。

(2)　コロナ下の雇用情勢と景況

　コロナショックで多くの業界で売上げが停滞し、苦しい経営を強いられていますが、なかでも深刻な打撃を受けたのは、主に非製造業です。特に生活関連サービス業（飲食業、宿泊業、観光業、娯楽業など）小売業（スーパーや食品小売業を除く）、鉄道、航空など交通機関です。

　生活関連サービス業や小売業では、非正規従業員は勿論、正規従業員も含めた「雇い止め」も続出しています。

　次いで製造、建設、運輸など多くの業界で需要減での業績悪化をきたしていましたが一方「巣ごもり特需」や電子機器や自動車などの中国向けや米国向け輸出の回復などで、業績がアップした企業も製造業中心に増加に転じてきています。これにともない特に製造業では、急速に人手不足が顕著になってきています。

　しかし多くの業界では、更なる業績悪化を懸念して、現状の雇用維持にさえ消極的になっています。最近は上場大手企業でも、希望退職の募集が目立ち、上場企業の間で業績に二極分化の様相を呈し始めてきています。

(3)　コロナ収束後の日本経済と雇用の動向

　　1)　コロナ収束後の経済は回復基調に入りますが、経営不振や後継者不足で廃業を早める中小企業の影響で、失職した従業員の希望職種での再就職は厳しい雇用情勢が続くでしょう。

　　2)　特筆すべき動きとしては、各企業とも重点商材部門の強化拡充、不振商材部門の売却や廃却など、企業基盤の強化を目指し、多くの業界で、合併、子会社化、業務提携など業界再編成が、かなり進展する見込みです。このケースでは被吸収企業の従業員の雇用は、ある程度、確保

されるでしょう。

3)　国際競争力向上のため先端 IT 技術の積極的導入は必至の情勢です。この IT 技術（後記で詳述）の導入により雇用の場では、従業員の配置転換だけで済まず、企業によっては人員整理を迫られ、IT 導入期の雇用情勢の混乱は避けられないとなります。

4)　2025 年迄に迫りくる最大の難題は前述の日本の 3 分の 1 の中小企業が廃業するという事態です。これには、政府による積極的景気刺戟策は勿論のこと、廃業企業を対象に M＆A などで、官民を挙げての積極的推進が急務です。
　M＆A により企業体質を強化し、企業規模を拡大した企業は、生産性向上に大きく寄与し、競争力を強化できるとともに、雇用の確保が見込めます。

5)　職種とのミスマッチの拡大が問題
　人手不足が顕著な分野は、主に情報、通信、医療、介護です。特に情報通信分野に関しては、IT 関連技術者の人材不足は深刻です。日本は先進国に比し、人材の育成に遅れが目立っていますが、政府、自治体、大学などが徐々に専門の大学や学部を作り始めています。しかし企業が求める即戦力となると、需給ギャップが大きいと言えます。

6)　中堅中小企業の雇用確保策
　雇用確保の要点は、賃上げと働きがいを感じてもらうことにつきます。

対策①　賃金を引き上げる
　雇用確保の要点は、労働に応じた適切な賃金です。ただし賃金引き上げは、その裏付策としての利益獲得力の強化が不可欠となります。賃上げは当然、人件費増につながり企業収益を圧迫します。如何に収益力を

強化していくかの利益獲得力（本書第2部掲載）の積極的な実践が求められています。この利益獲得力の強化の実例として、これを社員全員で考え抜き、それが実現すると、その利益を社員全員で分配すると確約し、必ず実行することで社員の「ヤル気」を起こさせて、成功している企業があります（実例は後記43頁）。

対策②　働きがいを感じてもらう

　社員は誰でも自分の創意工夫が企業発展に役立つことが何より嬉しいし、加えて自分の収入も増えることで、一層、働きがいを感じ懸命に努めるのです。

対策③　シニアと女性の積極的活用

　いま、人材不足感が強い企業ほどシニアと女性の活躍が目立ち、今後益々重要になると予測されます。

イ　政府によるシニアの定年延長施策の施行

　新法の「働き方改革関連法」の一環としての定年延長施策については、70歳迄、就業機会を確保するよう企業側に求める改正高年齢者雇用安定法が、2021年4月に施行されました。労働力不足解消を目的とした、罰則のない努力義務ですが、定年の繰り上げまたは、定年後に契約社員として雇用を継続することなどを規定しています。

ロ　女性が働きやすい制度や仕組み作り

　女性の働きやすい制度については、様々な議論がありますが、目に見えて取り組みやすいこととしては、「管理職に女性がいること」「育休産休の制度利用者が多いこと」「働く場所や時間の融通が効くこと」などが挙げられます。

対策④　新法の働き方改革を遵守して雇用確保に努める

　働き方改革では、長時間労働の解消、非正規と正社員の格差是正、高齢者の就労促進の3つの柱で構成されており、特に注目されているのは長時間労働の解消です。

イ　長時間労働の上限規制（中小企業は 2021 年 4 月 1 日施行）

　これまで長時間労働の原因となっていた残業時間にメスが入りました。法では月 45 時間、年 360 時間が原則です（臨時のケースの上限は別途規定）。

ロ　「同一労働、同一賃金」による正規社員と非正規社員の不合理な格差の解消

　これにより、コスト増大や非正規社員の雇用条件の改善など中小企業にとっては厳しい内容です。しかしここは新法を遵守して雇用確保するほうが長期的に見て良い結果を生むでしょう。ここでも同様に、結局は、対コスト増への利益獲得力の強化が求められています。

対策⑤　社員による紹介

対策⑥　外国人の採用

対策⑦　「先端 IT 技術」などの活用（後記で詳説）

　IT を活用し業務を効率化することで、そもそも人が要らない仕組み作りを進める方法も有力です。積極的に活用し、業務を自動化・省力化して、人手不足を補うとともに生産性をアップを目指すのもよいでしょう。

人手不足対策の中小企業の実例

　2018 年度の中小企業白書（中小企業庁編）に多くの人手不足対策の成功実例が掲載されています。

中小企業庁の次のURLから無料で読むことができます。

https://www.chusho.meti.go.jp/pamflet/hakusyo/H30/PDF/
h30_pdf_mokujityuu.htm

［4］ 先端 IT 技術（IOT、AI、ロボット、RPA など）による第四次産業革命の到来

⑴　先端 IT 技術は産業構造を革命的に変革し生産性向上に大きく貢献

　IOT、AI、ロボット、RPA などの先端 IT 技術は、相互に影響し合いより高度化し、驚異的な進化をしています。経営者は、これらの技術革新が自社の経営にどの程度影響を及ぼすか、そして自社としてどのように活用していくべきなのかを問われているのです。

　仮に先端技術の活用に乗り遅れれば、生産性で明確に格差がつき業界での立ち位置はたちまち悪化し、企業の存続自体が危ぶまれるのは確かです。

　このため業界ごとの先端技術の情報をいち早くキャッチアップし、また常に導入を検討し適切なタイミングで適格に導入していく必要があります。

　これらの IT 技術を使った改革を、DX（デジタル・トランスフォーメーション）と言いますが、特に問題なのは、日本は諸外国に比し、DX の著しい立ち遅れが目立ちます。スイスの国際開発研究所の 2020 年の調査によると、日本は世界ランク 27 位（19 年度調査は 24 位）と低迷しているのです。

　いま、日本での導入状況は、導入検討中の企業を含めても中小企業で 4 割、大企業でも 7 割止まりと厳しい状況です（経済財政白書）。特に問題は IT を使える人材不足です。

　早急に官民挙げての IT 人材教育の拡大が緊急の課題です。

(2) 国、都道府県、市など行政機関による中小企業への先端技術導入支援策の活用

　自身の業界にどんな先端技術があり、どのように導入するべきか不明確であれば、行政機関等のサポートを受けるのもよいでしょう。所在地の行政機関には、補助金支援事業、導入サポート事業などがありますので、問い合わせてみましょう（その他、商工会議所、商工会による支援事業もあります）。補助金支援事業の中で是非活用したいのは、「ものづくり高度化法」に基づく「戦略的基盤技術高度化支援事業（サポイン事業）です。

　これは中小企業がIOT、AIなどの技術の活用で基盤技術高度化を図るための支援事業で3年間で最大9,750万円の補助金が受けられる制度です（年度により変更）。

先端IT技術活用による労働生産性を向上させている企業の実例

2018年の中小企業白書に10社の実例が掲載されています。

中小企業庁の次のURLから無料で読むことができます。

https://www.chusho.meti.go.jp/pamflet/hakusyo/H30/PDF/
h30_pdf_mokujityuu.htm

コラム

(1) IoT

　IoTとは「Internet of things」直訳すると「モノ」のインターネット化という意味です。

　産業用や消費者用など、あらゆる「モノ」(機器、設備など含む)にセンサーやカメラ、制御装置などを搭載して、インターネットにつないでおくと、人が操作しなくとも、「モノ自身」が連携し、情報を交換し合って、膨大なデータ（ビッグデータ）をリアルタイムで収集して、分析、判断、予測などの結果の提示や、また、人の作業を代行してくれるので、それらを活用できるのです。

　これまで、人の指示や操作によって作動していた「モノ自身」が、自動的に動くようになったことで、効率性や利便性の向上に画期的に寄与しています。

1)　ものづくりの分野でのIoTの活用メリット

◎　**生産管理面では、受注状況、在庫状況、製造工程の状況などをリアルタイムで正確に把握するシステムを構築することで稼働率が上がり、生産効率が飛躍的向上します。**

◎　**品質管理面では、原材料の入手から製品出荷まで異常の早期探知などで早期の修理、部品交換などが可能となり、生産性の維持、確保に役立ちます。**

◎　**設備管理面では、センサー、カメラの他に制御装置を搭載しておれば、故障予防や故障の迅速な対応や、周辺の環境変化や気温の変動、年月経過による設置状態の変遷などを素早く探知して「モノ自身」が適格に判断して、故障する前に必要な操作をして保守修理をします。**

2)　IoTの対象

　産業用、消費者用など、あらゆる分野が対象となります。産業用では、いま製造業、情報・通信業などに目立ちますが、運輸業、倉庫業、建設業、商業、サービス業、農業、介護医療などに徐々に導入され、AIと連動させることで、更に一段と高度化して広く普及していく見込みです。さらに近

年、日本で老朽化が進行している膨大なインフラ（水道管、ガス管、タンク類、各種プラントなど）の腐蝕や切損など人間の検査では確認できない事象を IoT が AI と連動して、より早期発見することで、早期修理も可能となる見込みです。老朽化したインフラの寿命を延ばすことで、設備費を削減し、生産性向上に役立てる狙いで鋭意推進中です。

⑵　AI（人工知能）

Artificial Intellegence の略で、対象に応じた専門の人間の知能をコンピュータ上で実現させていく各種情報処理のメカニズムのことです。近年では人間の知能に近い知能も開発が進んでいます。

1）　AI の主な機能
AI は大量のデータ（IoT からのビッグデータを含めて）を収集して多くの高度の機能を発揮して、いま、活用分野は広範囲に、またがっています。
◎　**識別機能（深層学習の技術を利用した新技術で代表的なものは下記の通り）**
　・**画像を入力すると　→　画像認識機能を発揮……後記のイチゴ採取車の事例参照**
　・**音声を入力すると　→　音声認識機能を発揮**
　・**人間の言葉の意味を理解して　→　言語認識機能を発揮（音声や文字などで回答し人間と会話や文章で交流）**
◎　**最適な回答を引き出す検索機能**
◎　**異常事態検知機能**
◎　**制御機能（状態の変化などを素早く検知して自動的に制御する）**
　その他、統計処理技術など多くの機能を備えています。

2）　AI の対象
前述の IoT と同じ産業用、消費者用などあらゆる分野が対象となります。

3）　AI の使用実例
一例を挙げると、テレビで放映され反響を呼んだ米国農家のイチゴの摘

み取り作業です。

　AI を装備した作業車がイチゴ畑を進みながら、熟れている摘み頃のイチゴのみを AI が判定し摘み穫っている映像でした。

　イチゴ農家の話では、この作業車 1 台で、30 人分の働きに相当するとのことです。

　AI のイチゴの熟れ具合の判定力と採取力には驚きです。

　AI は予めイチゴ自体を画像認識（色、形、粒皮など）し、摘み頃も学習して認識して採取しています。

⑶　AIロボットの登場

　近年、AI 技術を装備した AI ロボットは格段に進化しています。

　これにより目前の状況が変化したとしても、人手を介さず、AI ロボット自身で、スピーディに的確に対応できるようになり、また、細かい複雑な作業でも、円滑に実行できるなど格段の進歩をとげています。

AI ロボットの対象

　産業用、消費者用の多くの分野が対象ですが、特に製造、運輸、倉庫、建設、小売り飲食などの接客サービス業、警備、医療介護、農業、畜産などの分野に広がりつつあります。

⑷　RPA（事務作業用ロボット）

　Robotic Process Automation の略です。

　この RPA に、最初の段階に事務の作業内容を覚え込ませると、自動的に稼働して、かなりのスピードで確実に事務作業を処理するので、事務の省力化、効率化に飛躍的に寄与します。

　特に、ルーチンな事務作業の業務改革に、かなりの効果があると言われ、導入する企業が増えています。

第2部

利益獲得力のレベルを診断

第1章
顧客満足度を
自己診断する

[1] 顧客満足度の
自己診断の必要性

　言うまでもなく、顧客あってこそ自社の存続発展が可能です。

　そのため本章ではまず、原点に立ち返って考えてみましょう。

　顧客はなぜ、数あるライバル社のなかから、自社の商材を使用して
くれているのでしょうか。それは自社を信用してくれているからでは
ないでしょうか。「あの企業の商材なら間違いない」、「あの企業なら任
せておいても問題ない」との考えが根底にあるからではないでしょう
か。

　つまり、自社の提供する商材の品質、価格、納期、アフターサービス、
担当営業担当者の応対などに満足してくれているから、リピート発注を
してくれているのです。

　もし、満足できなければ、顧客は去っていきます。

　これは製造業、建設業、卸売業、小売業、サービス業でも同様です。

　また、消費財でも生産財でも、サービス財でも同じです。

　そこで顧客が、どれだけ信頼してくれているか、満足してくれている
か、そのレベルはどの程度かを顧客の立場に立ってチェックしてみま
しょう。

　このチェックで、これからの経営改善のヒントをつかみ、顧客の維持
拡大につなげていきましょう。

　（なお、小売業の場合は陳列の優劣などの課題もありますので、本章
の末尾で別途に顧客満足度自己診断をすることにします）

［2］顧客満足度を
9項目でチェックする

⑴　品質の満足度

顧客の求めている品質の商材を継続的に提供できていますか？

　同業他社と比べても品質に関しては自社が優れていると自信を持って言えるなら、「優」です。

⑵　クレーム発生の頻度とクレームのレベル

　クレームの中には、「もう御社の商品は買えなくなります！」という強いお叱りの言葉が含まれていることが多いならば、クレームのレベルが強いと判断します。

⑶　納期遅れはないか

　発注者が非常に厳しいスケジュールを提示してきたケースを除いて、納期遅れはどれぐらいあるか把握していますか？　年に1件もないが当たり前です。年に5件以上発生していたら、「よくある」と言えます。

⑷　価格への満足度

　ライバル企業との比較が基本であり大変むずかしい問題です。
　ライバル企業と比べて、常に品質・使い勝手に勝る商材を同額か、少しでも安い価格を提示していれば、「満足」にチェックできます。

⑸　商材の使い勝手はよいか

　商材の使い勝手がよい場合は当然、顧客に支持され業績アップにつながります。ライバル商材に比較して取り扱いが簡単だとか、手間がかからない、作業が早くすむなどメリットが大きければ高評価です。他社と

しっかり比較した上で客観的に判断しましょう。

(6)　アフターサービスは万全か

　商材にもよりますが、アフターサービスが必要な商材はもちろん、あまりアフターサービスを要しない商材でも、適宜実施することで顧客の信頼感のアップにつながります。これによりライバルの参入を抑え、リピート発注や顧客紹介なども期待できます。

　自社のアフターサービスにどの程度満足してもらっているかの判定してみましょう。

(7)　営業担当への満足度

　営業担当は、顧客からみて商材知識も豊富で信頼できると認めてもらうことがなにより大事です。ここでは営業担当者自身に、重点得意先の関係者の自分自身に対する満足度を推定して、次の「担当営業マンへの満足度チェック表」に記入してもらいましょう。

担当営業マンへの満足度チェック表…… 診断No.1 へ転記

	レベル	a	b	c	d	部分判定
1	訪問回数（ライバルとの比較も含む）	多い	同じくらい	やや少ない	少ない	
2	商材知識	かなり詳しい	まずまず	やや不足	不足	
3	顧客との良好な人間関係の樹立	強固	まずまず	やや弱い	弱い	
4	説得力	強い	まずまず	やや弱い	弱い	
5	クレーム予防の説明、クレーム対応	満足	まずまず	やや不満足	不満	
6	顧客に役立つ情報提供、企画提案	多い	まずまず	やや少ない	ない	

7	顧客の要望に対する素早い対応	早い	まずまず	やや遅い	遅い	
8	アフターフォローへの満足度	満足	まずまず	やや不満足	不満	
まとめ判定						a b c d

※この判定の結果は、後掲の（診断No.1）「顧客満足度自己診断表」に転記します。

　人間だれでも自分への評価は甘くなりがちですが、それでもよいのです。
　これをチェックすることで、自分の欠けている分野を再発見できて、修正する手がかりになります。

1S　まとめ判定の記入要領と手順

　まず、１から８までをレベルａ、ｂ、ｃ、ｄで判定して、右側の部分判定欄に記入し、次に、この判定を下記の基準を目安として、まとめ判定として下段右端に記入します。

2S　まとめ判定の基準

　下記が基準ですが、これに自社顧客の重視点を勘案しまとめ判定してください。

　　ａが最多数（２、３、５、７を含みｄ判定を除く）の場合――**ａ判定**

　　ｂが最多数（２、３、５がｂ判定以上）の場合――**ｂ判定**

　　ｃが最多数（２、３がｃ判定以上）の場合――**ｃ判定**

　　ｄが最多数――**ｄ判定**

3S　顧客満足度自己診断表に転記

　たとえば、まとめ判定がａとなった場合は、26ページの（診断No.1）のなかの７の担当営業マンへの満足度の判定欄にａと記入します。

(8)　取引先との関係

　重要得意先には営業担当者や担当部署レベルの折衝だけでなく、自社トップクラスと得意先の上層部とのつきあいが欠かせません。

(9)　自社商材のブランドなど市場価値への満足度

　業界のトップ企業は、一般的には市場でのブランドの知名度や信頼感があり、顧客は満足度が高いはずです。この点は業歴の長い企業や大企業には有利な評価になることは否めません。中小企業の場合は、やはり、ニッチの分野やオンリーワンの商材でブランド価値をアップして顧客満足度を高めているかの判断となります。

(診断No.1) 顧客満足度自己診断表

レベル	a	b	c	d	部分診断
1．品質への満足度	満足	まずまず	やや不満	不満	
2．クレーム発生の頻度とレベル	ほとんどない	低い許容範囲	時折発生	割合多い	
3．納期遅れはないですか	ほとんどない	時折発生	やや多い	多い	
4．価格への満足度	満足	やや満足	不満	かなり不満	
5．商材の使い勝手	満足	まずまず	やや不満	不満	
6．アフターサービスへの満足度	満足	まずまず	やや不満	不満	
7．担当営業マンへの満足度	満足	まずまず	やや不満	不満	
8．自社との会社ぐるみの緊密度合い	万全	まずまず	やや不足	不足	
9．ブランドなど市場価値への満足度	満足	まずまず	やや不十分	不十分	
まとめ診断					A B C D

●診断記入の要領

※**第1ステップ**　顧客満足度自己診断表の９項目については、これまでの解説をふまえて、それぞれの項目について、ａ、ｂ、ｃ、ｄのレベルのなかから最も適切なものを選んで、右側の部分診断欄に記入します。

※**第2ステップ**　まとめ診断は下記が基準ですが、これに自社顧客の重視点などを勘案して自己診断してください。

- ９項目のうちａが過半数の場合（ただし１、４はａ、２、３はｂ以上、ｄなし）――**A診断**
- ９項目のうちｂが過半数の場合（ただし１、２、３、４はｂ以上、ｄなし）――**B診断**
- ９項目のうちｃが過半数の場合――**C診断**
- ９項目のうちｄが過半数の場合――**D診断**

このまとめ診断で、たとえばＡと診断した場合は、最下段にＡと記入します。つまり、この場合は、顧客満足度自己診断表ではＡと診断したことになります。

また、この方式は、特定ライバル企業（同一得意先で競合している）と自社との顧客満足度の優劣のチェックにも応用できます。

効果的な使い方としては、ライバル社との比較診断表を作成し強みと弱みを明確化する方法です。
この狙いは主要顧客ごとに満足度を推定比較して、自社の劣っている項目の改善強化を図ることにあります。

⊙参考資料

ライバル社との比較診断表（記入例）（参考）診断）

	顧客から自社に対する判定	顧客からライバルに対し判定	優劣
1．品質の満足度	a	b	優
2．クレーム発生の頻度、レベル	b（許容範囲）	b（許容範囲）	同等
3．納期遅れはないか	a	a	同等
4．価格への満足度	c（やや不満）	b（まずまず満足）	劣
5．商材の使い勝手はよいか	b	b	同等
6．アフターサービスは万全か	a	a	同等
7．担当営業マンへの満足度	a	b	優
8．顧客との会社ぐるみのつきあい	a	b	優
まとめ判定	a5、b2、c1	a2、b6	自社が優

　これから判断できることは、品質がよい点が自社の強みのベースになっていることです。一方、値段が高い点は弱みと言えるでしょう。

　そこでライバル社との品質の優位性を維持するよう細心の配慮をし続けることが肝要となります。

　そのためには、このライバル社の品質と仕事ぶりの把握が前提になります。しかし重要顧客であれば、この程度は把握しているはずですから、そんなにむずかしいことではないでしょう。

［3］小売業の顧客満足度を自己診断する

　中小の小売業は、地域商圏内で多くの同業者と厳しい競争を強いられるため特に高い顧客満足度が要求される業界です。

　どの店舗も、その地域特性を勘案した経営をしてこそ存続発展ができるのです。

　そこで、地域特性にマッチした品揃え、店舗陳列、販売方法などの「店づくり」ができているのかを具体的に自己診断することにします。

[4] 小売業の顧客満足度を 8項目でチェックして診断する

診断No.1′ 小売業の顧客満足度自己診断表

No.	レベル	a	b	c	d	部分判定
1	自店のコンセプトを顧客は明確に認識しているか	十分に認識されている	ある程度は認識されている	認識度不十分	認識されていない	
2	顧客ニーズ中心の品揃えと売れ筋商品が店頭に並んでいるか	ニーズ中心の品揃えと売れ筋商品を陳列	ある程度はニーズ中心の品揃えと売れ筋を陳列	十分とはいえない	かなり不十分	
3	商材に豊富感があるか（**専門店の場合**）	品種のなかで品目の数がかなり多い	品種のなかで品目の数はある程度多い	品目の数は多いとはいえない	品目の数は少ない	
3′	商材の品種と品目に豊富感があるか（**量販店の場合**）	かなりの豊富感	ある程度の豊富感	いま一歩、豊富感乏しい	豊富感なし	
4	自店設定価格への満足度	満足	普通	やや不満足	不満足	
5	販売員の接客態度	かなり良好	普通	ややよくない部類に入る	時折よくない態度	
6	販売員の商材知識と販売技術のレベル診断	レベル高い	普通	やや物足らないレベル	レベル低い	
7	商材の陳列は見やすいか、選びやすいか	とても見やすく選びやすい	普通	見やすく、選びやすいとはいえない	見えにくい、選びにくい	
8	アフターフォローは十分か	十分満足	普通	やや不満	不満	
まとめ診断						A B C D

(1)　自店のコンセプトの確立と顧客の認識度合いは

　自店のストアコンセプト（店舗経営の基本的理念、主張）が確立され、それを顧客が明確に認識してくれていることが肝要です。

　コンセプトがあいまいな小売店は、特徴のない店になり、いわゆる「品物は多いけどほしいものはない店」となり、顧客に相手にされなくなっていきます。

(2)　顧客ニーズ中心の品揃えと売れ筋商品が　　店頭に並んでいるか

　対象とする顧客のニーズに合った商材と売れ筋商品を中心とする品揃えができているかどうかを判定します。

(3)　顧客は商材に豊富感を感じているか……専門店の場合

　専門店（たとえば化粧品店）でいう豊富感は、品種（口紅）のなかで品目（各種の口紅）の数が多い、つまり「奥行きの深い品揃え」になっていることを指します。

　これが専門店の基本的戦略ですが、どの程度、実行されているかの問題です。

(3)′ 顧客は商材に豊富感を感じているか……量販店の　　場合

　量販店では、品種と品目の両方が多いことで豊富感をアピールしているケースが目立ちます。

　そこで、どの程度の豊富感を感じているかが問題です。

(4)　自店設定価格への満足度

　　1)　買回品や専門店については、顧客が得る価値をもとに売価が設定されていれば、顧客は満足します。

これが原則です。

このため商材にいかに付加価値をつけるかが命題です。

ここで言う付加価値は商材自体に、たとえば各種の加工などで付加価値をつける以外に、役立つ提案、アフターサービス、納期の早さなども含みます。

2）　最寄品の場合は、特に売れ筋商材に絞れば、競合他社の売価に見合った売価が設定されているかが問題です。このためには競合店の売価調査が不可欠です。

この競合店売価政策に加えて、各種の売価政策、たとえば特定日の割引販売、端数価格政策、目玉商材など幅広い販促戦略で集客して他の商材の拡販を図るなどが挙げられます。

(5)　販売員の接客態度についての満足度

販売員の接客態度の良否は、顧客の購買決断の決め手のひとつとなります。

誰でも気持ちよく買物をしたいのです。

少しでも嫌な印象を与える販売員とそのお店からは顧客は逃げます。

ここは店の販売員全員が、顧客に心地よい応対で好印象を与え、リピート客を増やす販売員で占められているかを判定します。

特に注意が必要なのは、トップの眼が行き届かないチェーン店の場合です。接客応対の教育が行き届かず、お客様に悪い印象を与えているかもしれません。

悪い噂は、口コミサイトなどですぐ広まり企業全体にとってはマイナスに働くことがあります。

この防止には社内で「接客態度べからず集」をつくり、会議などでよく周知徹底することにつきます。

⑹　販売員の販売技術と商品知識

　販売員は、自社だけでなく他社の商品にも精通していますか？　また目先の販売だけにとらわれず、顧客が継続的にこの販売員から買いたいと思えるようなアドバイスができているかを判定します。

　言うまでもなく販売員の販売技術の向上には、顧客の立場に立っての販売技術研修が第一歩です。

⑺　商材の陳列形式は見やすいか、選びやすいか

　これは商材の分類基準が顧客にわかりやすくなっていることが基本です。

　また、商材の陳列場所や商材案内表示板などがわかりやすくなっていることが不可欠です。

　特に商材によっては、できるだけ素早く買物ができることを望んでいる顧客も少なくありません。いずれにしても陳列は、わかりやすく、見やすく選びやすいことが命題です。

⑻　顧客へのアフターフォローは十分か

　商材によっては、売りっ放しはできず、アフターフォローが不可欠の商材もあります。また、アフターフォローを特に必要としない商材もあります。

　この場合でも、自社への支持アップには、ご使用状況お伺い状、ご来店案内状などはもちろんのこと、優良顧客への特典供与ご案内状などのフォローは、ご来店促進策としては欠かせません。

　ここでは自店の商材にマッチしたアフターフォローを顧客は、どう感じているかを問うています。

　以上が、小売業の顧客満足度自己診断表に記入する8項目の解説です。次は、小売業の顧客満足度自己診断表に、各項目についてのレベルを選定し、まとめ診断してください。

※表中No.3は専門店、No.3'は量販店です。どちらか選択してください。

●診断記入の手順

※**第1ステップ**　まず診断表の8項目について、これまでの解説に目を通して、そのうえで項目のａｂｃｄのレベルのなかから、最も適切なものを選んで右欄の部分診断欄に記入します。

※**第2ステップ**　まとめ診断の基準……下記が基準ですが、これに自店の顧客の重視項目などを勘案して自己診断してください。

- 8項目のうち、ａが過半数の場合（ただし、1、2、3or3'、4はａでｄなし）——A診断
- 8項目のうち、ｂが過半数の場合（ただし、1、2、3or3'、4はｂ以上でｄなし）——B診断
- 8項目のうち、ｃが過半数の場合——C診断
- 8項目のうち、ｄが過半数の場合——D診断

[5] この章の まとめ

……顧客の満足度合いを、念には念を入れて注視しましょう。

⑴　顧客は不満があっても口には出さず、取引を打ち切る場合もある

しかし、取引を打ち切る場合は、ある程度のシグナルを出していることも少なくありません。

常に「顧客の不満は何か」を考えて注視を怠らず、もし、その気配を感じたら先手を打ち、全社を挙げて阻止しましょう。

⑵　顧客満足度の推定で自社の強み、弱みを把握して問題点の改善を図り、さらに強みの維持強化に努めましょう

［6］ ネット通販の急成長による
小売業への影響度を診断する

⑴　ネット通販の急成長

　いま、ネット通販の躍進はめざましく、一例を挙げると、Amazon、楽天グループ、Yahoo! の3社の売上高合計は、19年度の日本国内の百貨店全体の売上高を上回り、その後も益々増大の一途を辿っています。

　特にAmazonは低価格と配達の迅速化を武器に米国の小売業を著しく衰退に追い込んできましたが近年、日本市場でも急速に売上高を伸ばしてきています。

　こうした流れに飲み込まれるのではなく、上手く利用して業績を伸ばせるか否かが生き残りのカギになってきます。

⑵　次のA〜Dの項目のなかから、自社に最も該当する
ものを選んで診断表に記入

　A．ネット通販よりの影響で売上高減少や利益減少などの悪影響はなく、売上高は増加傾向にある。もしくはインターネット通信販売を利用して、売上を伸ばしている。

　B．ネット通販よりの直接の悪影響で売上高や利益の減少はないが、売上高は伸び悩みの状態で推移している。

　C．ネット通販の悪影響で売上高は減少傾向にある。

　D．ネット通販の影響大で売上高は減退し回復の見込みが薄い。

診断No.1² ネット通販の小売業への影響度診断表

レベル	A	B	C	D
診　断				

(3)　一般小売業の Amazon などへの対抗策

　　1)　基本的には徹底した地域密着型のきめ細かいサービスなどで顧客との信頼関係を築くことで役立つ小売店と認めてもらうよう努めることです。たとえば、商材を手に取って効果的な使用法を直接伝えるなど、ネット通販ではできないサービスを展開するなどが考えられます。それでこそリピート購入も期待できます。

　　2)　Amazon などでは取り扱いしていないライバル商材や役立つ商材を探し出して売り込みます。また、ネット通販にも参入します。

　　3)　既存商材の改良点を見付けて改善に努め、差別化を図り自社のプライベートブランド商材の創作に努めます。……実例は 43 頁参照

(4)　次のA～Dの項目のなかから、自社に最も該当するものを選んで診断表に記入

　A．ネット通販に参入したことで、売上げ、利益ともに増加傾向にある。

　B．ネット通販の利益は、とんとんで近々、利益も計上できる見込みである。

　C．ネット通販の利益は赤字だが、近々、赤字は解消できる見込みである。

　D．ネット通販の利益は赤字で推移し、当分、黒字化の見込み薄い。

診断No.1³ ネット通販に参入の小売専門店、量販店の経営診断表

レベル	A	B	C	D
診　　断				

コラム

専門店、量販店のネット通販への参入状況調査

参考までに18年度の日本経済新聞社の調査（364社のうち164社より回答）

1)　自社の売上高全体に占めるネット販売の比率が10%未満の企業が71.4%

2)　164社のうち、ネット通販で利益を出している企業は44.8%
◎　とんとんの企業が17.5%
◎　1～2年後に黒字化が実現の見込み企業は13.6%
◎　当分、利益の見込めない企業は8.4%

このように現時点で専門店のネット通販への進展が遅れているのは、現行の店舗重視の姿勢やIT人材不足などが挙げられています。

第2章
企業存続発展のキーである
自社の競争力を診断する

　企業の競争力は、商材力、新商材開発力、営業力、よい得意先をもっているか、財務力、管理力は堅実か、などに左右されます。

[1] 商材力のレベルを 診断する

　競争力なかでも、特に商材力は重要です。

(1) 商材力は、主に次の3つの適合性に加えて、他社商材と差別化できる商材であるかを重視して診断

1) 商材力3つの適合性
① 顧客適合性（機能性、品質性など）のレベル
② 市場への適合性（値ごろ価格ですか、収益性はありますか）のレベル
③ 顧客趣向性（デザイン性、ファッション性、ブランド性、カラー性など）のレベル

　この3つの適合性は基本的要件ですが、このうち機能性、顧客趣向性については、特に差別化の求められる分野です。
　それが他社商材と似たり寄ったりの商材では、価格競争に巻き込まれ収益率は低くなります。

　トップ級企業と大差のない商材を販売している3番手、4番手の企業は、スケールメリットによる価格差でじりじりと押し込まれており、トップ企業と比べると収益差の二極分化が進行しています。

　3番手以下の企業は、トップ級との対抗上、総花的に多くの商材の取り揃えを余儀なくされ、力の分散を招き成長力を鈍化させているケースも目立ちます。

　そこで業界中堅以下の企業としては、オンリーワンの特定商材の分野に集中し高い占有率を確立し維持することが効果的な戦略となります。
　また、ニッチ（隙間）の分野で差別化のできる主力商材をもっている企業は、大手企業の参入もなく安定した好業績で推移している傾向があります。

　このように中小企業は、特に、差別化のできる商材をいかに開発するかが最大の課題となっています。
　次に、この差別化について詳説します。

(2)　他社商材との差別化に努めていますか……ヤル気になればできる商材力強化の方策

1)　現行の商材にも必ず「差別化のできる改良点があるはず」と付加価値アップの執念をもち続ける。

　このためには、自社の現行商材については、「もう、ライバルとの差別化できる余地はない」という思い込みの打破が第一歩です。

　これまで改良を重ねてきて、それなりに売れている現行商材には、いまさら差別化できる余地はない、と思い込んでいる経営者や幹部社員が多いです。
　これでは、はなから改良や差別化などはできません。差別化できる商材を生み出す絶対の要件は、それへの執念と従業員全員の知恵の結集です。

　現実に、特に技術力がなくても現場の意見を取り入れた改善を行い、売り上げ拡大に役立った実例は枚挙にいとまがありません。

　本格的な研究開発と併行して、まず、この分野に着手したらよいのです。

　いくつかの実例として後記のコラム欄に詳説していますので、参考にしてください。

2)　全社を挙げて現行商材の付加価値向上に取り組む手法

　現行商材の付加価値を劇的に向上させるために有効な手法は、提案制度の導入です。

　まず第一歩としては、全従業員（職種を問わず）に協力を呼びかけ、どんな立場のどんな意見にも耳を傾けることを誓います。

　人は誰でも自分のアイデアや提案を認められたいのです。

　それによって自身が働く企業にプラスになるとなれば、"やりがい"も出て力も入るというものです。

　提案制度では賞金をつけている企業が多く、なかでも有名な未来工業では、採用、不採用にかかわらず、どんな提案でも１件当たり500円程度の賞金をつけています。

［2］ 主力商材、準主力商材のレベルを診断表に記入する

　次の１～５の設問のなかで最も該当するものを選び、部分診断欄に記入します。

　まとめ診断は、No.4、5が重視点であることも勘案してＡＢＣＤのいずれかを自己診断してください。

診断No.2 **商材レベル診断表**

レベル	a	b	c	d	部分診断
１．顧客適合性のレベル	高い	平均的レベル	やや低い	低い	
２．市場適合性のレベル	高い	平均的レベル	やや低い	低い	
３．顧客趣向性のレベル	高い	平均的レベル	やや低い	低い	
４．商材の差別化のレベル	高い	平均的レベル	やや低い	低い	
５．商材の競争力のレベル	強い	平均的レベル	やや弱い	弱い	
まとめ診断					ABCD

[3] 新商材開発の意欲と 開発力のレベルを診断する

◎ 新商材開発の可能性を探る

　営業担当者に話を聞いてみると、現行商材だけでは売り上げの拡大は限界に近いという声が聞こえてくる企業が多いです。そこで課題となるのが、新商材の開発です。新商材開発の意欲と技術力が企業の将来を左右します。

　新製品開発は社長以下、開発スタッフはもちろんのこと、全社を挙げて取り組む必要があります。

[4] 「新商材開発の意欲と 開発力のレベル診断表」に記入する

　次の１～４の設問のなかで最も該当するものを選び、部分診断欄に記入します。次に、まとめ診断は②③が重視点であることも勘案して自己診断してください。

　① 　新商材開発への意欲は強いですか。
　② 　開発中の新商材に対するニーズの存在をシビアに確認していますか。

③　新商材開発への体制（技術力、予算など）は、充実していますか。

④　従業員全員参加で積極的に取り組んでいますか（提案制度、ユーザーや販売店などからの情報収集も含めて）。

診断No.3 新商材開発の意欲と開発力レベル診断表

レベル	a	b	c	d	部分診断
1．新商材開発への意欲は強いか	強い	普通	やや弱い	弱い	
2．開発中の新商材に対するニーズの存在をシビアに確認しているか	確認している	ある程度確認	確認度はやや弱い	弱い	
3．新商材開発への体制（技術力、予算など）は、充実しているか	充実している	ある程度充実	体制やや弱い	弱い	
4．従業員全員参加で積極的に取り組んでいるか	かなり積極的	ある程度前向き	ややもの足らない	取り組み弱い	
まとめ診断					ABCD

[5] 中小企業でもすぐできる新製品開発への近道

商材が高度化し複雑化してきた今日、消費財、生産財、サービス財の、いずれの分野でも自社で製造可能な関連の新商材が増えてきています。

いま、この新商材を、どう探して開発し売り込むかが問われているのです。

◎　成功の確率の高い開発

①　ニッチ（隙間）の商材の開発は狙い目です。

②　現行商材をシステム化した商材（たとえばシステムキッチン）や関連商材は開発しやすいものです。

③　現行商材を対象に、使い勝手の向上、デザイン、カラーなどの斬新性、効果のある付属品の添付など、とても新製品開発や新技術開発とは言えなくても、ちょっとした工夫、改良で成功する事例も少なくないのです。

現実に、これが案外効果的で、その気になれば誰でもできますので、これを狙わない手はありません。

この成功事例を次ページのコラム欄で紹介します。

誰でも簡単に考えつく、
売り上げ拡大に役立つ現行商材改良の実例

この事例を2つ挙げてみます。

(1)　未来工業

ひとつは、「日本一社員が幸せな会社」と報道され有名になった未来工業の創業社長、山田昭男氏（故人）の事例です。氏には、経営上、参考になる考え方が多くあります。

それは氏の著作『日本一社員がしあわせな会社のヘンな"きまり"』（ぱる出版）に記載されています。

創業時代は4人の会社だった未来工業では、天井裏などに通す電線を入れる「ビニールパイプ」の色を主流であったグレー色から明るいアイボリー（象牙色）に変えて発売したら、よく売れたそうです。

職人さんは薄暗いグレー色のパイプより、明るいアイボリー色を選んでくれたのです。たったこれだけのことで、新規に「ビニールパイプ業界」に参入できたとのことです。

もちろん、先発メーカーもすぐ真似してきましたが、毎日このパイプを現場で使うプロの職人さんたちには、強く未来工業を認知してもらい、引き続き使ってもらったとのことです。

また、当時、電線のパイプは鉄管とポリ塩化ビニルの2種類で、どちらも硬い管であったのを、ポリエチレン製のビニールパイプを新発売したところ、軟らかくて作業がしやすいと職人さんたちに喜んで受け入れられヒットしたそうです。

これも同業者がすぐ追随してきましたが、いまだにトップシェアを維持しているそうです。

当時、スイッチやコンセントを壁の中に埋めるスイッチボックスは、ネジの取り付けの穴が2つあるタイプしかなかったそうです。

　それを４つの穴があるタイプを新発売したところ、よく売れて80％のシェアをとったとのことです。

　細い柱や桟への取り付けは、誰が考えても２個の穴しかないタイプより、４個の穴があるタイプのほうが、タテ、ヨコ、斜めの、どれかの２カ所から、しっかりと止めることができるからです。これが職人さんたちに大歓迎されたのです。

　これらは研究の成果というほどのものではありません。

　結果的には誰でも気がつく簡単なことが、どの業界でも意外に盲点で、つい見すごされていることが多いようです。

　ここに、中小企業でもできる新商材開発のヒントがあるのではないでしょうか。

　どの業界でも身近に足もとを見渡して、こうした盲点をいかに見つけ出して新商材開発につなげていくかが企業発展の命題となります。

　未来工業では、自社商材を徹底的に「他社商材と差別すること」を合言葉にして、次の方針を掲げています。

1. よそと同じものは作らない……すべての商材にウチだけのアイデアを盛り込む。

2. 日本初か、または日本一の商材にこだわり続ける。

3. 常に考えて仕組みづくりをする。

4. 儲かっていない会社と同じことはしない。

　このように商材の差別化を徹底的に追求しています。

　ここで特筆される点は、この商材差別化の大方針が全従業員に理解され支持されて、全社を挙げて商材差別化や新商材開発に取り組んでいることです。それでこそ成功しているのです。

　約２万点の商材は、すべて、「うちだけのアイデア」が盛り込まれています。

　つまり、この方式は、誰でも考えつく商材の差別化で業績をアップさせて、利益が出たらそれを従業員に分配すると宣言し、従業員も納得して懸命に

努力するというものです。それでこそ成果も上がるのではないでしょうか。
　この事例でわかることは、全社を挙げて商品差別化推進に努める未来工業方式がいかに効果的かということです。

◎　**未来工業の概要（「会社四季報」掲載）**
- 業種　住宅関連の電材、管財、配線器具他
- 設立　1965 年 8 月
- 株式上場　2006 年 9 月
- 売上高　2019 年 3 月期決算（連結）360 億 3,500 万円
- 経常利益　39 億 400 万円
- 売上高経常利益率　10.8%
- 自己資本比率　80.7%
- 従業員（連結）1,208 名（すべて正社員）（単体）834 名
- 1 人当たり経常利益　323 万円
- 平均年齢　46.4 歳
- 平均年収　643 万円

(2)　食品調味料の会社

　未来工業につづく第 2 の事例は、次のようなものです。

　これは有名な話ですが、かつて某食品調味料の大メーカーの社内で、「どうしたら売り上げをもっと増やせるか」と"ああでもない、こうでもない"と議論していたそうです。
　そうしたら若い女子社員が「それは簡単です。容器の穴を、少しだけ大きくしたら、それだけ使用量が自然に増えて、売り上げが増えるのではないでしょうか」と提案し、なるほど名案となったのです。

　これも簡単なことですが、誰も気がつくようで、気がつかない盲点です。
　このような実例はどの業界でもあります。この際、もっと自社商材の足もとを見つめ直していくことは、新規商材開発の一助につながるのではないでしょうか。

［6］ 営業力のレベルを診断する

……営業力は強いかどうかの診断と営業力強化法です。

　ライバルより多少商材力で勝っていても、営業力が弱い場合は、競争に競り勝ち受注できるとは限りません。

　どうしたら営業力を強化できるか、商品力強化と並んで重要な命題です。

　これには、なんといっても適切な営業担当者の教育が最も効果的です。

　営業力のレベル診断では、9項目についてチェックしていきますが、紙面の都合で、ここでは次の4項目について詳説します。

```
(1)  営業担当教育は十分か
(2)  計画的、効率的な営業活動をしているか
(3)  新規開拓への意欲は高いか
(4)  新規開拓の成果は高いほうか
```

⑴　営業担当者の教育は十分か

　営業力強化の基本は営業担当者のレベルアップにつきます。

　いま、顧客は自社を担当する営業担当に一段とレベルの高い人材を求めています。

　「こうしたら、もっと効率がアップしますよ」「もっと売るためには、このようにされたらどうでしょうか」など、すぐに業績向上に役立つ提案や企画情報を提供してくれる営業担当者が頼りにされています。

　簡単にはいきませんが、これからは、いかにこのような営業担当者を多く育成するかが営業力強化のベースとなります。

　もともと、営業の仕事は、「やり方」を教えられることが少ない代表的な職種といえます。

　簡単な研修のあとに、先輩や上司に連れられて短期間の外回りを経験したのち、一人立ちして自己流で営業活動をしている……という流れが実状です。

　そのため、懸命の努力の割には、「営業のやり方がまずい」ため、成果が上がらず、悩んでいる人も少なくありません。

営業力の強い企業が実施している営業支援
①　売り込み力強化のためのマニュアル作成と周知徹底

　営業担当者教育の方法も多種多様ですが、なかでも売り込み力強化のツールとしては、まず、このマニュアル作成が第一歩です。

　商材ごとに商談シナリオなどの商談準備に始まって、このシナリオに基づく商談展開、反論克服、クロージングなど一連の「売り込み活動」にも原理原則があります。

　これをマニュアル化して、それに基づいて実行するのと、確たるシナリオ不在のままの「出たとこ勝負での売込み」とでは、その成果に大差がつくのは当たり前です。

　自社の商材にマッチした営業マニュアルを作成し、それを営業担当に徹底的に理解してもらって実行すれば、大きな成果が期待できます。

②　ロールプレイングを繰り返し実施する

　営業力強化のためには、商材知識などの修得だけではなく、実地経験が積める「ロールプレイング」が、特に効果的です。

　上司が「顧客の役」、営業担当者が「売り込み役」となって「商談のやりとり」をするのです。

　「売り込みのトーク」の悪い点やパンチ不足などは、その場で上司が指摘して指導し直させ、これを何回も繰り返します。

この「ロールプレイング」をするためには、前述のように、あらかじめ売り込みの内容を想定して"シナリオ化"しておく必要があります。

このあらゆるシーンを想定してトレーニングしておくことで、売り込みだけでなく、取引先からの「値引き要請」への対応訓練など幅広く営業の現場で応用できます。

こうしたトレーニングの先にライバル企業との差別化が生まれ、競り勝てる一騎当千の営業担当が育ちます。

(2)　計画的、効率的な営業活動をしているか

どんな業種の仕事にも、みな、それぞれ進め方には基準があります。それに従って仕事をしているので、効率にはそれほど大きな差がありません。

しかし営業の仕事は誰でも、ある程度、自己流で仕事をしているので、そこに問題があります。

たとえば、よくある卑近な悪い例は次のとおりです。

　　1)　需要量も少なく売り上げ拡大は望めなくとも、訪問しやすい得意先への訪問回数を増やす。
　　2)　社内での事務処理などに時間を割き肝心の外回りの時間が少ない。
　　3)　商談シナリオなどの事前準備のない「手ぶら訪問」が多い。

もし、これらの事例が慣習化していれば、改善しなければなりません。口頭での注意だけでなく、マニュアルに指針を明示して、マニュアル遵守を求めていくことも、ひとつの方法です。

(3)　新規開拓への意欲は高いか

すでにライバルと取引している見込み客に新しく割り込むことは至難

のわざです。そのため継続的な新規開拓も重要ですが、成果を上げるためには、なんといっても高い意欲の持続がベースとなります。いかにヤル気を喚起させ、それを持続させるかがポイントです。

　では、新規開拓意欲を持続させている企業にはどんな特徴があるのかを分析していきましょう

1)　全社を挙げて新規開拓に取り組み、営業担当をバックアップしている

　新規開拓の専門の部署のある場合は別として、営業担当が個々に見込み先を選定し、「自己流のやり方」で新規開拓活動をしているケースが多いです。

　しかし、毎日の担当取引先のフォローで忙しく、新規開拓まで手が回らない人も少なくないのです。新規開拓は二の次で、いつも後回しになってしまいます。

　これでは成果が上がらないのは当然です。事務作業や複雑な見積書作成などの社内作業は、営業事務担当が代行するなどして、営業に集中できる環境を会社として整えることが重要です。

2)　強い目標意識がある

　効果的なのは、企業側で見込み先を選び、各営業担当に割り当てることです。

　割り当てられると、誰でも否応なく、この目標を意識せざるを得なくなります。

　そうなると現行取引先のフォローの合間に新規開拓活動に努めることになり、それを企業側がバックアップすれば、より成果が期待できます。

［7］ 「営業力レベル診断表」に記入する

　つぎの1～8の設問のなかで最も該当するものを選び部分診断欄に記入します。

　まとめ診断はNo.2、7、8が重視点であることも勘案してＡＢＣＤのいずれかを自己診断してください。

診断No.4　営業力レベル診断表

レベル	a	b	c	d	部分診断
1．目標達成意欲は高いか	高い	普通	やや低い	低い	
2．直近2カ年の目標達成度合いは	毎期達成	未達成期もあるが、ほぼ達成	やや未達成期が多い	毎期ほとんど未達成	
3．販売目標数値との差異分析や目標達成のための営業指導は十分か	かなり念入りに実施	ある程度実施	やや不十分	不十分	
4．営業担当者教育を十分しているか	十分実施	一応実施	やや不十分	不十分	
5．常に計画的に効率的に営業活動をしているか	かなり計画的、効率的	ある程度、計画的、効率的	やや低レベル	レベル低い	
6．新規開拓への意欲は高いか	高い	普通	やや低い	低い	
7．新規開拓の成果は高いか	高い	まずまずの成果	成果は少ない	かなり少ない	
8．自社の営業力は強いと思うか	強い	そこそこ強い	やや弱い	弱い	
まとめ診断					ＡＢＣＤ

[8] 得意先との取引継続上の 問題点を診断する

　得意先の良否は、自社の命運を握っていると言っても過言ではないで しょう。そこで自社の得意先の良否や取引継続の可能性などを診断します。

(1) 得意先に優良企業が多いか

　自社の得意先に優良得意先が多ければ、当然、売上拡大が期待できます。 また、回収面での安全も確保されます。

　このため、いかに優良得意先を維持し、また新しく優良得意先を新規 開拓するかが、企業存続発展のキーポイントとなります。

　反対に、得意先の大半が弱小企業であれば売上拡大は期待できず、ま た、景気の動向に大きく左右されます。

　加えて回収面での不安定さは、常について回ります。

　このためいかに優良得意先を逃がさず取引を維持していくかは、企業 にとって最大の命題です。

(2) 得意先側に起因する取引継続の問題を探る

　問題なのは近年、どの企業でも長年の得意先が海外進出、合併、不振 事業からの撤退、廃業、倒産などで突然、取引が断絶するケースが目立 つことです。

　平均すると年間5〜10％は従来からの得意先が自然減している企業 が多いといわれています。

　この傾向は今後とも続くとみられていますが、御社の場合は、どの程 度減っていますか。

　また、今後の見通しはどの程度ですか。

　いうまでもなく、この対策は新規開拓の強化と既存取引先のシェア・ アップにつきます。

(3)　自社側に起因する問題点

　自社の商材力、コスト競争力、営業力などでライバル企業に競り負ける可能性の有無を検討します。新技術開発による異業種からの参入についても常に警戒が必要です。

(4)　得意先の売上構成が極端に片寄っていれば問題あり

　全売上高の大半を１社に依存している企業（たとえば全売上高の40％以上）は、もし、その得意先と取引が断絶した場合は、たちまち売上高が激減し、倒産のリスク大となります。

　一般に、１社への売上依存率は、多くても全売上高の３割です。それ以上の場合は早急に別の得意先を見つける努力が求められます。

(5)　得意先との取引継続上の問題点を診断表に記入する

　次の１～４の設問のなかで最も該当するレベルを選び、部分診断欄に記入します。

　まとめ診断は、それらを総合的に勘案してＡＢＣＤのいずれかを自己診断してください。

診断No.5 得意先との取引継続上の問題点診断表

レベル	a	b	c	d	部分診断
１．得意先に優良企業が多いか	多い	普通	やや少ない	少ない	
２．年間、既存得意先数の減少の程度	2％以下	～5％	～10％	11％以上	
３．主要得意先との取引継続の可能性大か	取引継続に問題ない	多少の不安はあるが継続可能と判断	一部得意先との取引継続に疑問符	一部取引先との取引停止の確率高い	
４．主要得意先の売上構成が極端に片寄っていないか	全売上高の20％以下	同左～30％	同左～40％	同左40％以上	
まとめ診断					ABCD

第3章
利益獲得力の源泉たる
売上高を診断する

利益獲得力の源泉は、いうまでもなく売上高にあります。

売上高は、次の3つの視点でチェックして診断する必要があります。

●売上高診断の3つの視点

> 1．売上高は伸びているか……成長性
> 2．自社売上高のレベル……採算性
> 3．1人当たり売上高は高いか、平均か、低いか……効率生産性
> 以上の3点を中心に売上高を診断していくことにします。

[1] 自社売上高の成長力を 診断する

……売上高は伸びているか。

　まず、売上高の推移をチェックしましょう。売上高は経営の根幹です。売上高が伸びいるか、横バイか、それとも「じり貧」状態かは、基本的なチェックポイントです。

　ほかにも成長力診断の対象指標はありますが、紙面の都合で代表的なものとして売上高を診断します。

(1) 診断の手順

　1S　まず自社の売上高の推移を記入します。

自社決算年度	2016年度	2017年度	2018年度	2019年度	2020年度
自社売上高					
同上伸び率					

$$売上高伸び率 = \frac{当期売上高 - 前期売上高}{前期売上高} \times 100（\%）$$

2S　次に自社と規模や事業内容が、特に類似している同業者を選抜し、その売上高実績と、その基調を自社と比較し、その優劣を判定します（「会社信用録」などから選抜）。

なお便宜上、次の診断項目である「1人当たり売上高」も算出しておきましょう。

類似同業者売上高

	A社	B社	C社	D社
売上高				
売上高伸び率	％			
従業員数	名			
1人当たり売上高				
売上高				
売上高伸び率	％			
従業員数	名			
1人当たり売上高				
売上高				
売上高伸び率	％			
従業員数	名			
1人当たり売上高				

以上、同業者の売上高と、その基調をチェックして自社と比較し、次の判定表に記入します。

レベル	a	b	c	d
自社売上高基調と類似の同業者売上高基調との優劣	自社が優れている	おおむね同等のレベル	自社が劣る	自社がかなり劣る
判定				

　3S　ここまでみてきた自社の売上高と、その基調の判定をベースにし、加えて2Sの類似同業者の売上高と、その基調などの判定を総合的に勘案して、自社売上高とその成長力のレベルを診断表に記入します。

診断No.6 売上高の基調よりみた成長力レベル診断表

レベル	A	B	C	D
自社売上高基調	おおむね増収基調で推移	おおむね横バイ	横バイと減収の繰り返し	じり貧で推移
診断				

(2)　売上高でのチェックポイント

　売上高の増減の理由が最重要なポイントですが、特に売上高が減少した理由、もともと売上高が伸びない理由は何か、どの商材が減少したか、どの営業所が減少したかなどを徹底的に追究し、改善に着手することが緊急の命題です。

　これには多くの理由がありますが、主なものは次のとおりです。

　1．景気変動（長びくデフレの影響など）

　2．自社商材の競争力の劣化

　3．自社営業力の弱体化

　4．得意先の減少

　5．中国や韓国などからの価格攻勢激化など

以上ですが、これにどう対処していくかが問われています。

⑶　景気後退期の売上高への影響度

　大企業、中小企業を問わず、この時期の決算で目立つことは、多くの企業で前年比に対して、売上高が大きく減退していることです。

　特に要チェックは、業界平均や類似同業者と比較しての下落率の程度です。もし、下落率が大幅な場合は、その原因を把握し改善を図る必要があります。

[2]　自社売上高レベル

　言うまでもなく、単に売上高が大きいだけでは優れているとはなりません。それでは何を基準にして売上高のレベルの優劣を決めるのでしょうか。

　確実なのは、後述の自社の売上高安全余裕度を基準にして、レベルの優劣を決めるのが妥当です。

　「安全余裕度」という指標があります。損益分岐点売上高（利益も損失も発生しない、とんとんの売上高）からみて、「あと何％、売上高が低下しても赤字転落に至らないか」という余裕度をみるものです。

　たとえば、現行の売上高があと2割下降しても赤字にならないのであれば、安全余裕度は20％と言います。

　これなら売上高は一応、高いレベルの部類にあると言えるでしょう。

　しかし、たとえば5％の安全余裕度しかない場合は、あと5％売上減で赤字転落に至ります。

　この比率をいかに高めていくか、緊急の命題です（対策は後に詳説します）。

　この自社売上高のレベル診断については、解説の便宜上、後述の

診断No.8 「損益分岐点売上高比率のレベル診断表」で診断し詳説するので、ここでは省略します。

[3] 自社1人当たり売上高を 診断する

⑴　1人当たり売上高チェックの必要性

$$1人当たり売上高＝\frac{売上高}{従業員数}$$

　いくら売上高が伸びても、1人当たり売上高が減少していれば、伸びたとは言えません。

　このため、1人当たり売上高は、重要なチェックポイントです。

　特に中小企業経営者の皆さんには関心の高い指標となっています。

1)　業界別1人当たり売上高の推移をみる

　これは前述した「中小企業の財務分析」に大分類として製造業、卸売業などの1人当たり売上高が掲載されているので、これを参照して自社1人当たり売上高と比較してチェックします。

　留意点として、製造業、建設業、卸売業などは規模により大きな格差があります。また、業界内業種によっても格差があります。このため本来は1人当たり売上高は業種別と規模別の双方の平均数値の比較が必要です。

　また、次項でふれますが、2019年度調査の中小企業の全産業平均の売上高安全余裕率平均は8.6％とかなり不安水域にあります。

　業界でみると、たとえば小売業界は3.6％です。あと3.6％超の売上減で赤字転落です。また、なかには業種平均が赤字でマイナス％の業種

も散見されます。

　そこで1人当たり売上高を業界平均値やできれば業種平均値と比較し優劣を判定する場合は、当該業界や業種の売上高安全余裕率の過小度合いも勘案して判定する必要があります。

2)　自社の1人当たり売上高の推移と業界平均とできれば業種平均の1人当たり売上高を記入する

業界別、業種別1人当たり売上高平均（万円）

	決算年度	2014年度	2016年度	2018年度
	中小企業庁 調査年度	2015年度	2017年度	2019年度
大分類	全産業	2,058	2,057	1,989
	建設業	2,533	2,451	2,426
	製造業	1,923	1,968	1,918
	情報・通信業	1,350	1,548	1,406
	運輸業	1,199	1,284	1,273
	卸売業	6,138	5,846	5,282
	小売業	1,980	2,227	1,846
	その他サービス業	668	678	643
	不動産物品賃貸業	2,871	2,407	2,637
	宿泊飲食サービス業、娯楽業	545	574	513
	専門技術サービス業	1,219	1,260	1,264
	生活関連サービス業娯楽業	2,029	2,061	1,680
中分類	職別工事業	2,168		
	生産用機械器具製造業	1,676		
	電気機械器具製造業	1,825		
	輸送用機械器具製造業	2,181		
	道路貨物運送業	1,225		
	機械器具小売業	3,416		

資料（左から）「中小企業の財務指標」（2015年度調査）
「中小企業の財務分析」（2017年度調査）（2019年度調査）

自社決算年度	2014年度	2016年度	2017年度	2018年度
中小企業庁調査年度	2015年度	2017年度	2018年度	2019年度
自社1人当たり売上高				
同上伸び率				
中分類 業種平均1人当たり売上高				
同上伸び率				
大分類 業界平均1人当たり売上高				
同上伸び率				

⑵ 診断の手順

1S 上記の推移を参照して、自社の1人当たり売上高基調のレベルを判定します。

レベル	a	b	c	d
自社1人当たり売上高基調	おおむね増収基調	おおむね横バイ	横バイもあるがおおむね減収基調	じり貧基調
判定				

2S 次に前記の業界平均値ないし業種平均値と比較して、自社1人当たり売上高との優劣を判定します。

レベル	a	b	c	d
業種ないし業界の1人当たり売上高平均との比較	[業種or業界]平均より大	[業種or業界]おおむね平均	[業種or業界]より低い	[業種or業界]よりかなり低い
判定				

※業種平均か、業界平均か、どちらかを選んでください。

3S　類似同業者と自社1人当たり売上高の優劣を判定します。

この数値は前述の類似の同業者の売上高一覧表で算出し記載していますから、これをそのまま参照して判定してください（54ページ）。

※この類似同業者の「1人当たり売上高」は「会社信用録」などから選出できます。

類似同業者との1人当たり売上高比較

レベル	a	b	c	d
自社売上高基調と類似の同業者売上高基調の優劣	自社が優れている	おおむね同等のレベル	自社が劣る	自社がかなり劣る
判定				

4S　ここまでみてきた、1Sの自社1人当たり売上高基調の判定と、2Sの業界平均値ないし業種平均値との優劣の判定と、3Sの類似同業者との優劣の比較判定の3点を総合勘案して、自社の1人当たり売上高のレベルを診断します。

診断No.7　自社1人当たり売上高レベル診断表

レベル	A	B	C	D
業種平均や類似同業者と比較（自社の売上高基調も含む）	売上高レベル高い	おおむね同等のレベル	低いレベル	かなり低いレベル
診断				

※業種平均が把握できないときは、大分類の業界平均との比較となります。

[4] 損益分岐点売上高比率で採算性を診断

経営の安全余裕度を把握するには、まず損益分岐点売上高を算出します（次ページ参照）。

(1)　損益分岐点売上高とは

　これは「損もなければ、利益も出ない」とんとんの時点での売上高を指します。

　つまり、自社の最低限度必要な売上高の目安となる数値です。

$$損益分岐点売上高＝\frac{固定費}{1－変動費／売上高}$$

$\dfrac{変動費}{売上高}＝$ 変動比率といいます。

　∴原価率みたいなものです。

※固定費とは、人件費、家賃など、売上高がゼロの場合でも必要な経費です。
※変動費とは、売上高に比例して増減する原材料費や仕入商品代、外注費などで、売上高がゼロの場合は、当然、変動費はゼロです。

　〈計算例〉売上高10億円、変動費8億円、固定費1億円の場合

$$\frac{1億円}{1－8億円／10億円}＝\frac{1}{1－0.8}＝\frac{1}{0.2}＝5億円$$

　この場合、5億円売れたら損失も利益もない売上高となります。これ以下の売上高では、損失が発生し、これ以上売れたら利益が計上できます。

(2)　簡便法による損益分岐点の算出方法……流通業に適用

$$損益分岐点売上高＝\frac{販売経費}{粗利益率}$$

（例）粗利益率が 20％で販売経費が 1 億円の場合

$$損益分岐点売上高 = \frac{1 億円}{0.2} = 5 億円$$

（3）　限界利益率による損益分岐点の求め方

1）　限界利益とは売上高から変動費を差し引いたものです。

式で表すと売上高－変動費となります。

つまり固定費と営業利益の合計です。

2）　限界利益率とは売上高に占める限界利益の割合です。

$$→ \frac{限界利益}{売上高} \times 100（\%）$$

$$損益分岐点公式 = \frac{固定費}{1 - 変動費 / 売上高} = \frac{固定費}{限界利益 / 売上高}$$

$$損益分岐点売上高 = \frac{固定費}{限界利益率} = \frac{1}{2/10} = \frac{1}{0.2} = 5 億円$$

　このように限界利益率が把握できていれば、簡単に損益分岐点が算出できます。

⑷　損益分岐点売上高比率とは

　損益分岐点売上高比率は実際の売上高と損益分岐点売上高との比率です。

　損益分岐点売上高がわかると、実際の売上高が損益分岐点をどの程度上回っているかで、経営の安定度と利益獲得力がわかります。

　この比率が低いほど景気後退時に売上減少しても不況抵抗力が強く、逆に100％を上回ると赤字になります。

$$損益分岐点売上高比率 \ = \ \frac{損益分岐点売上高}{実際売上高} \times 100(\%)$$

（例）

$$損益分岐点売上高比率 \ = \ \frac{損益分岐点売上高（60億円）}{実際売上高（100億円）} \times 100(\%) = 60(\%)$$

　→この比率が60％ということは、あと40％も売り上げが減退しても赤字経営にはならないということです（収支とんとんとなります）。

⑸　売上高安全余裕率とは

　あと何％の売上減退で赤字転落か、という安全余裕度を示します。

$$1 - \frac{損益分岐点売上高}{実際売上高} \times 100(\%) = 売上高安全余裕率$$

$$= \ 1 - 損益分岐点売上高比率 = 売上高安全余裕率$$

（例）損益分岐点売上高が 8,000 万円で、実際売上高が 1 億円の場合

$$損益分岐点売上高比率＝\frac{8,000\,万円}{1\,億円}× 100（％）＝ 80$$

この事例での売上高安全余裕率＝ 1 － 0.8 ＝ 0.2

∴ 20％となります。

　つまり、あと、20％売上高の減少で、損益とんとんとなり、そこまで余裕があるということです。

業界別損益分岐点売上高比率（％）

大分類	全産業（平均）	91.4	――
	建設業	88.1	87.0
	製造業	90.7	87.9
	情報・通信業	91.8	90.7
	運輸業	95.1	――
	卸売業	90.4	86.7
	小売業	96.4	92.2
	その他サービス業（廃棄物処理業、自動車修理業、労働者派遣業、警備業、ほか）	93.8	
	不動産物品賃貸業	85.4	
	宿泊飲食サービス業	96.3	
	生活関連サービス業、娯楽業	95.9	
	専門技術サービス業	90.6	
中分類	職別工事業	2,168	
	生産用機械器具製造業	1,676	
	電気機械器具製造業	1,825	
	輸送用機械器具製造業	2,181	
	道路貨物運送業	1,225	
	機械器具小売業	3,416	

資料　左欄は「中小企業の財務分析」（2019年度調査）
　　　右欄は「TKC経営指標」（黒字企業）（2018年度調査）

　これをみると損益分岐点売上高比率は、多くの業界で 90％台で推移しており、不況にきわめて弱く 5 ％〜 10％も売上高がダウンしたら、

たちまち、赤字企業に転落する危険な比率となっています。

このため、この比率の業界平均値は、比較資料としては、あまり適切とはいえず、あくまで参考比率としておきます。

ここは自社比率が本来、必要な損益分岐点売上高比率と比較して、どのレベルかの視点で診断していくことにします。

(6)　自社の損益分岐点売上高比率の推移

自社決算年度	2014	2015	2016	2017	2018	2019
損益分岐点売上高比率						

この比率の上昇、横バイ、下降は常に把握して対策を講じることが不可欠の命題です。

まとめとして、下記の診断表に該当するレベルを記入してください。

診断No.8　損益分岐点売上高比率のレベル診断表

レベル	A	B	C	D
自社の比率	75%以下	～85%	～95%	～100%以上
診断				

※この比率が100%超となると赤字転落です。

(7)　目標利益を実現するための必要売上高を求める算式

$$損益分岐点公式 = \frac{固定費}{1-変動費/売上高} = \frac{固定費}{1-変動費率}$$

$$= \frac{固定費+目標利益}{1-変動比率} = \frac{固定費+目標利益}{限界利益率}$$

（例）固定費 1 億円　目標利益 2,000 万円
変動費率 0.8％

$$\frac{10,000 + 2,000}{1 - 0.8} = \frac{12,000}{0.2} = 60,000$$

∴6 億円が必要売上高

　以上述べてきたように、自社の損益分岐点売上高を常に意識して経営することは、不可欠の命題です。

　これと並んで重要なことは、企業の赤字要因と、その対策を常に意識し続けることです。

　その点については、第 5 章で述べることにします。

第4章
利益獲得力の成果である
収益力を診断する

　企業の総合的な収益力をみるには、売上総利益と経常利益がポイントです。

　まず損益計算書（PL）で売上総利益と経常利益を確認します。
　損益計算書には5つの利益が表示されています。このうち、特に重要なのは**1の売上総利益と3の経常利益**です。

```
　　　売上高
－）売上原価
　　　売上総利益……………………第1の利益
－）販売費・一般管理費
　　　営業利益…………………………第2の利益
＋）営業外収益
－）営業外費用
　　　経常利益…………………………第3の利益
±）特別損益
　　　税引前当期利益…………第4の利益
－）法人税等
　　　当期純利益………………………第5の利益
```

◎　**利益獲得力の関係指標をみる留意点**

　利益獲得力の関係指標の標準とする目標数値は、性質上、絶対必要な基準値が明確でなく、経営分析の書物でも、それぞれ差がみられます。
　この差のひとつは、大企業と中小企業など企業規模の大小により求められる数値の違いによるものと理解できます。

　もうひとつは、著者により求める数値目標の高さの違いに起因しています。

　これは本来なら優良大企業が達成している指標数値に、できるだけ近い数値を目標とすべきでしょう。

　しかし、「中小企業の財務分析」をみると、かなり低い指標が大勢を占めている現状では、余り高い目標数値を設定しても、達成は現実的ではありません。

　そこで本書では、努力次第では達成可能な数値を目標としてレベル設定しています。

　これに対して後述の第4部の「財務の健全性」の関係指標の数値は、大企業でも、中小企業でも、健全性維持のために絶対必要なレベルの数値を基準としているので、どの経営分析の書物でも、あまり差がないのです。

［1］売上高総利益率で収益性を診断

　……自社の売上高総利益率の健全度を診断しましょう。

$$売上高総利益率 = \frac{売上総利益}{売上高} \times 100（\%）$$

　売上総利益（粗利益）は儲けの根源であり、経営者にとっては最も関心の高い指標です。これが低いと、よほど大量に販売し続けるしか生き残りの術がありません。

　この売上総利益の優劣を計る「モノサシ」は、売上高総利益率（粗利益率）です。しかし、この売上高総利益率の診断の基準は、他の比率のように単純明確に優劣を比較しにくいのが問題です。

　そこで次の点を総合的に勘案して、この比率の健全性を自己診断して

ください。

◎　**業種平均（中分類）をチェックして自社のレベルと比較します。**
　これは「中小企業の財務分析」に掲載されていますので、参照することにします。

中小企業の売上高総利益率（％）の推移

	決算年度実績	2014年度	2016年度	2017年度	2018年度	2017年度
	中小企業庁調査年度	15年度	17年度	18年度	19年度	2018年度TKC指標（黒字企業）
大分類	全産業	24.5	25.6	25.1	26.3	－
	建設業	19.8	20.9	21.2	23.4	21.4
	製造業	20.8	22.0	21.9	21.4	21.5
	情報・通信業	44.3	44.9	46.4	45.9	49.5
	運輸業	26.0	26.4	25.6	24.8	－
	卸売業	14.8	16.2	15.0	17.2	19.1
	小売業	29.6	31.0	30.5	29.7	31.0
	その他サービス業	41.4	38.2	40.2	43.9	
	不動産物品賃貸業	43.4	47.0	43.3	44.4	
	宿泊飲食サービス業、娯楽業	63.8	64.6	62.0	66.6	
	専門技術サービス業	51.5	49.2	50.1	51.6	
	生活関連サービス業娯楽業	30.3	30.7	34.0	35.5	
中分類の例	総合工事業	17.3	18.9	－	20.7	資料「中小企業の財務指標」(2015年度調査)「中小企業の財務分析」(2017年度調査)(2019年度調査)「中小企業白書」(2018年度調査)「TKC経営指標」黒字企業(2018年度調査)
	職別工事業	23.0	25.3	－	25.9	
	食料品製造業	23.1	25.0	－	21.9	
	金属製品製造業	21.9	23.3	－	24.6	
	電気機器製造業	21.0	20.2	－	20.1	
	機械器具卸売業	16.4	16.8	－	18.4	
	衣服身の回り品小売業	44.0	45.7	－	44.6	
	飲食料品小売業	29.7	30.4	－	32.0	
	化学工業	23.2	27.6	－	21.9	

※この売上高総利益率は、特に製造、建設、小売などの業界では、黒字企業との格差はみられず、同じような比率で推移しているのが確認できます。

　この表をみてもわかるように、大分類の業界別はもちろんのこと、た
とえば製造業でも中分類の業種によっては、大きな格差がある場合があ
ります。このため、できるだけ中分類の業種別の比率で比較し診断する
ことにします（「中小企業の財務分析」参照）。

　といっても、すべての業種での比較もできないので、その場合は、こ
の業界比率で比較して、診断することになります。

	自社決算年度	2014年度	2016年度	2017年度	2018年度
	中小企業庁調査年度	2015年度	2017年度	2018年度	2019年度
自社	自社売上高総利益率	(%)	(%)	(%)	(%)
	同上伸び率				
中分類	業種平均売上高総利益率				
大分類	業界平均売上高総利益率				

　上記の推移を参照して、自社の売上高総利益率の基調を判定します。
加えて、自社と業種平均・業界平均の売上高総利益率を比較し、優劣を
判定して、それぞれ判定欄に記入します。

	レベル	a	b	c	d
	自社売上高総利益率の基調	おおむね上昇基調	おおむね横バイ	やや下降基調	かなり下降基調
	判定欄				
中分類	業種平均売上高総利益率と比較	業種平均より高い	おおむね業種平均	業種平均より低い	業種平均よりかなり低い
	判定欄				
大分類	業界平均売上高総利益率と比較	業界平均より高い	おおむね業界平均	業界平均より低い	業界平均よりかなり低い
	判定欄				

　近年の自社の売上高総利益率の基調が、横バイであればまだしも、もし下降していれば大問題です。

　また、この比率が業種平均・業界平均と比較して低い場合も、この原因究明と改善が急務です。

　言うまでもなく、売上高総利益率は１％のダウンでも業績に大きな影響を与えます。このため、この比率の低下は全社を挙げて防止に努める必要があります。

　①　自社の売上高総利益率の比率が健全とは言えない場合があるのが問題です。

　というのは、この比率は業種の性格上、他の業種よりかなり高いのが当然の業種もあるからです。

　加えて、この比率がかなり高い業種でも、前述の損益分岐点売上高比率が、赤字か、赤字寸前の業種もあるからです。

　これには売上高が少ないか、経費のオーバーなどの原因もありますが、いずれにせよ、売上高総利益率の健全度は高いとは言い難いです。

　こうなると、業種平均値と自社のそれとを比較するだけで、自社の比率の健全度は高いと即断できない場合があるとなります。

　②　この比率の健全度の確認には、損益分岐点売上高比率の業種平均も、併行してチェックするのもひとつの方法です。

　たとえば、製造業である自社の売上高総利益率は製造業平均よりも高く、加えて損益分岐点売上高比率は低いと、それだけ安定度が高くなり自社の売上高総利益は健全度が高いとなります。

　2)　**ここまでみてきた業種（中分類）か、または業界（大分類）のどちらかの売上高総利益率の現況をレベル別にチェックして、自社は、どのレベルに属するかを自己診断してください。**

診断No.9　業種別（中分類）の売上高総利益率の健全度レベル診断表

レベル	A	B	C	D
自社の売上高総利益率の健全度	高い	普通	低い	かなり低い
診断				

※ **診断No.9** か、下記の **診断No.9'** のどちらかを選定し、後掲の「自己診断まとめ表」の **診断No.9** に、レベルを転記してください。

◎　**業種別に診断できず業界別に診断した場合は、次の診断表に記入してください。**

診断No.9'　業界別（大分類）の売上高総利益率の健全度レベル診断表

レベル	A	B	C	D
自社の売上高総利益率の健全度	高い	普通	低い	かなり低い
診断				

◎　**売上高総利益率が低い主な原因**

1．業界での競争激化で値下げを余儀なくされている。

2．原材料などの仕入れ価格の値上がりを販売価格に転嫁できず、利幅が減少し、製造コストが高くなる。

3．売上第一主義のもと、安易な値下げや利幅の薄い商材の拡販に走っている。

4．営業担当者が取引先の値下げ要請に対応できず、簡単に値下げに応じている。

◎　**値下げ回避に全力を尽くそう**

競争激化のもとでの値下げは、相手のあることで対策は容易ではないのですが、少しでも付加価値をつけることで回避するよう努めます。

2と3と4については、自社の工夫しだいで少しでも値下げ幅を縮めることは不可能ではないはずです。

　わずか１％の値下げでも利益計上には、大きなマイナスです。

　このため、１％の値下げで、「最終的に、どれだけ利益が減るか」、また、「どうしたら値下げ要請を回避できるか」などの営業担当への値下げ抑止教育が、その一例で効果的です。

［2］ 経常利益を チェックする

　企業の総合的な収益力を示す経常利益は、次の３つの視点からチェックします。

- 経常利益の推移。
- １人当たり経常利益を算出し、これを診断する……これが特に重要です。
- 売上高経常利益率を算出し診断する……これは売上高に占める経常利益の割合です。これも重要な指標です。

⑴　１人当たり経常利益のレベルを診断

1)　まず自社の経常利益と１人当たり経常利益の推移を記入しましょう。

自社決算年度	2014年度	2016年度	2017年度	2018年度	2019年度
自社経常利益					
従業員数					
１人当たり経常利益					
同上伸び率					

$$対前年伸び率 = \frac{当期１人当たり経常利益 - 前記１人当たり経常利益}{前期１人当たり経常利益} \times 100（\%）$$

2)　上記の資料から自社1人当たり経常利益の推移の基調を判定欄に記入しましょう。

レベル	a	b	c	d
1人当たり経常利益の基調	増益で推進	おおむね横バイ	減益基調	かなりじり貧基調
判定欄				

3)　1人当たり経常利益は、利益獲得力のモノサシになります。

収益関連の指標としては、最も利益獲得力のレベルが比較しやすい指標です。

企業の属する業種や規模によって差がありますが、この「1人当たり経常利益」をどれだけ獲得したかで企業業績の優劣を比較評価できます。

1人当たり経常利益は、前述した1人当たり売上高と後述する売上高経常利益率との積です。

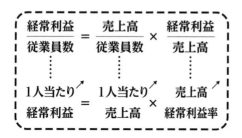

このため1人当たり経常利益を伸ばすには、いかにして、1人当たり売上高と売上高経常利益率を伸ばすかとなります。

中小企業でも1人当たり経常利益額は少なくとも100万円はほしいです。

4)　2017年度調査の「中小企業の財務分析」から、業界平均の1人当たり経常利益を算出しましょう。

```
 （全産業）　　　　 （全産業）
 1人当り売上高　　売上高経常利益率
 2057（万円）　×　　　0.035　　＝72万円
 （2017年度）　　　 （2017年度）　　　1人当りの経常利益
```

中小企業の1人当たり経常利益平均
（2017年度、2019年度調査）

業界平均		1人当たり経常利益（万円）	
		2017年度	2019年度
大分類	全産業	72	72
	建設業	86	119
	製造業	83	84
	運輸業	48	41
	卸売業	111	111
	小売業	53	22
	不動産物品賃貸業	207	237
	情報・通信業	85	79
	その他サービス業	26	30
	宿泊飲食サービス業	15	13
	生活関連サービス業娯楽業	62	35
	専門技術サービス業	87	82

資料「中小企業の財務分析」
1人当たり経常利益＝経常利益／平均従業員数…従業員数が確定している場合

　5)　**診断の手順は、以下のとおりです。**

　1S　上記の2017年度調査の業種平均1人当たり経常利益と自社との優劣を比較し、そのレベルを判定欄に記入しましょう。

自社１人当たり経常利益			万円
中分類	業種１人当たり平均経常利益		万円
大分類	業界１人当たり平均経常利益		万円

→自社の数値が低い場合は、その理由の徹底検証と改善が急務です。

レベル	a	b	c	d
自社と業種１人当たり平均経常利益を比較して自社の優劣を判定	業種(or業界)平均より大	おおむね業種(or業界)平均	業種(or業界)平均より少ない	業種(or業界)平均よりかなり少ない
判定				

◎　**参考診断**

　類似同業者との「１人当たり純利益」の比較もしてみましょう。

　「会社信用録」などには、「純利益」と「従業員数」が記載されていますので、１人当たり純利益が算出でき自社との優劣が比較できます（ただし、特別損益のプラス、マイナスが企業によって、そのつど異なりますので一応の目安です）。

$$１人当たり純利益 = \frac{純利益}{従業員数}$$

決算年度	2017年度	2018年度	2019年度	2020年度
自社１人当たり純利益				
A社１人当たり純利益				
B社１人当たり純利益				
C社１人当たり純利益				

$$
\begin{array}{l}
\quad\text{経常利益} \\
\pm\text{）特別損益} \\
\quad\text{税引前当期利益} \\
-\text{）法人税等} \\
\quad\text{当期純利益}
\end{array}
$$

2S　自社1人当たり経常利益のレベル診断表に記入しましょう。

まとめ診断としては、下記の診断表に記載の本来あるべき「1人当たり経常利益額」のレベルを主対象とします。業種平均数値が余りにも低い業種の場合は優劣の比較も適当でないので、この場合は参考資料にとどめておきます。

(診断No.10) 自社1人当たり経常利益のレベル診断表

レベル	A	B	C	D
自社のレベル	100万円以上	～80万円	～50万円	40万円未満
診断				

※中小企業でも200人、250人と規模が大きくなると、1人当たり100万円では不足です。
　そうなると150万円以上が目標となるでしょう。
　その場合、BCDレベルは、それぞれ応分の比率による数値に修正して判定します。

(2)　売上高経常利益率を診断する

これは売上高に占める経常利益の割合を示します。
企業の収益力を計る「モノサシ」として重要な指標です。

$$
\text{売上高経常利益率} = \frac{\text{経常利益}}{\text{売上高}} \times 100\ (\%)
$$

1）　業種平均 or 業界平均の売上高経常利益率の推移をみてみましょう。

中小企業の売上高経常利益率の推移　　　　　　　　　　　（単位：%）

自社決算年度		2017	2018	2019	2017	2018	2019
中小企業庁調査年度		2015	2017	2018	2018	2019	2020
					(TKC黒字企業)	(中小企業財務分析)	(中小企業白書)
	全産業	3.1	3.5	3.7	－	3.6	3.6
大分類	建設業	3.1	3.5	4.3	5.2	4.9	4.8
	製造業	3.8	4.2	4.7	5.6	4.4	4.0
	情報・通信業	5.3	5.5	5.8	6.1	5.6	5.7
	運輸業	2.9	3.7	3.1	－	3.2	3.1
	卸売業	1.8	1.9	2.2	2.7	2.1	1.9
	小売業	1.8	2.4	2.3	2.5	1.2	1.5
	その他サービス業	3.8	3.8	4.4	－	4.6	4.1
	不動産物品賃貸業	9.1	8.6	8.5	－	9.0	7.6
	専門技術サービス業	6.1	8.7	7.8	－	6.5	13.64
	宿泊飲食サービス業	1.6	2.6	2.6	－	2.6	1.6
	生活関連サービス業 娯楽業	2.3	3.0	2.7	－	2.1	3.4

資料「中小企業の財務指標（2015年度調査）
　　「中小企業の財務分析（2017年度調査）（2019年度調査）
　　「中小企業白書」（2018年度調査）（2020年度調査）
　　「TKC経営指標」（2018年度調査）（黒字企業）

※参考までに下記は2015年度調査の業種別の売上高経常利益率（%）
　です（中小企業庁調査）。

中分類	設備工事業	4.2
	金属製品製造業	3.6
	電気機器製造業	5.1
	飲食料品小売業	1.3
	機械器具卸売業	2.5
	石油・石炭製品製造業	5.1

2)　次に自社の売上高経常利益率と業種平均の売上高経常利益率を記入しましょう。

	自社決算年度	2014年	2016年	2017年
	中小企業庁調査年度	2015年	2017年	2018年
	自社の売上高経常利益率	(%)	(%)	(%)
中分類	業種平均の売上高経常利益率			
大分類	業界平均の売上高経常利益率			

1S　上記で自社の売上高経常利益率の基調が伸びているか、横バイか、衰退か、そのレベルを判定欄に記入しましょう。

レベル	a	b	c	d
自社売上高経常利益率の伸び具合	おおむね上昇基調	おおむね横バイ	横バイもあるがおおむね低下	かなり低下基調
判定欄				

2S　参考までに、業種平均、把握できない場合は業界平均の売上高経常利益率と自社のそれを比較してみましょう。

レベル	a	b	c	d
業種平均との比較	平均より高い	ほぼ平均	平均より低い	平均よりかなり低い
業界平均との比較	平均より高い	ほぼ平均	平均より低い	平均よりかなり低い
判定欄				

3S 売上高経常利益率は、未来、求められる7％を目標として自社レベルを診断します（流通業の場合は4％が目標となります）。

中小企業でも6％はほしい数値であり、目標となります。

この理由は、後述する総資本経常利益率の構成要素であることから求められます。

前掲の業種平均の比率にもみられるように、業種、規模により、かなり数値が悪い業種もあります。このため、業種平均値での優劣の比較は、診断基準としては無理なケースも目立つからです。

そこで、ここでの診断は、この6％目安にウェイトを置き、前記2Sの判定は診断の補足資料とします。

診断No.11 自社売上高経常利益率のレベル診断表

レベル	A	B	C	D
自社の売上高経常利益率	6％以上	～4％	～3％	～2％未満
診断				
自社の売上高経常利益率（流通業の場合）	4％以上	～2.5％	2％	1.5％未満
診断				

3) それでは上場企業の場合は、どうでしょうか。

参考までに大企業の例ですが、上場の食品工業の売上高経常利益率を記載しておきます。

それぞれブランド力のあるメーカーであるだけに、それなりの売上高経常利益率ですが、後述の総資本経常利益率8％を実現するためには、もう一歩、この売上高経常利益率のアップが望まれます。

（単位：％）

決算年度	2019年度	2020年度
東洋水産	6.5	7.5
キユーピー	6.1	5.5
エバラ食品	4.8	4.6
ニチレイ	5.1	5.4

決算年度	2019年度	2020年度
ブルドック ソース	6.0	6.0
永谷園	2.4	3.0
フジッコ	8.6	7.3
ケンコー マヨネーズ	4.3	4.0

「会社四季報」より

　このなかで8％以上を維持している企業はかなり収益力のある企業といえるでしょう。

　この売上高経常利益率の把握は、後述の総合収益力の指標である「総資本経常利益率」を算定するためには欠かせません。
　そのため、中分類の各業種の売上高経常利益率の平均数値を一部後述していますので、参考にしてください。

◎　**参考診断**
　「売上高純利益率」も調べてみましょう。
　「会社信用録」に記載の類似の同業者の売上高と純利益の割合から、この比率が算出できます。自社の純利益率と比較すると、利益獲得力の参考資料の一助となります。
　この当期純利益は、いわば手取りの利益高であり、役員賞与、配当、内部留保などに充当することになります（売上高純利益率も、特別損益のプラス、マイナスが企業によって、そのつど異なりますので一応の目安です）。

$$\frac{\text{当期純利益}}{\text{売上高}} \times 100(\%)$$

自社決算年度	年	年	年	年	年
自社売上高純利益率	%	%	%	%	%
A社売上高純利益率					
B社売上高純利益率					
C社売上高純利益率					

```
    経常利益
±）特別損益
────────────
    税引前当期利益
−）法人税等
────────────
    当期純利益
```

中小企業の売上高当期純利益率（平均）　　　　　（単位：%）

中小企業庁調査年度		2015年度調査	2017年度調査	2019年度調査
全産業平均		2.3	2.2	2.8
大分類	製造業	2.2	2.5	2.8
	建設業	1.9	2.2	3.1
	卸売業	1.0	1.1	1.8
	小売業	1.1	1.5	0.7
	運輸業	1.9	2.5	2.4
	情報・通信業	3.1	3.4	3.4
	その他サービス業	2.7	2.3	2.8
	不動産物品賃貸業	15.1	6.2	14.6
	宿泊飲食サービス	1.0	1.4	1.0
	専門技術サービス業	3.6	7.0	4.4
	生活関連サービス業娯楽業	1.0	1.5	1.2

資料　「中小企業の財務指標」（2015年度）
　　　「中小企業の財務分析」（2017年度）（2019年度）
　　　類似同業者や業界平均の売上高当期純利益率は業績診断の参考にしてください。

(3)　総資本経常利益率を診断する

　これは当期の経常利益を総資本で割った比率で、投下した総資本の何％の経常利益を稼ぐことができたか（企業全体の収益力）を示す指標です。

　経営者の手腕を示す指標と言われています。

　この比率が高いほど経営効率が高いとなります。

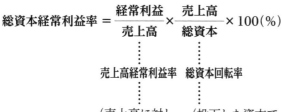

（売上高に対し、　（投下した資本で、どれだけの
どれだけの経　　売上高を計上できたか、つま
常利益を稼げ　　り総資本の何倍の売上高があ
たかを示す。）　るかを示す。）

　総資本経常利益率は、上記のように2つに分解できます。売上高経常利益率と総資本回転率です。

1)　総資本回転率とは

$$総資本回転率（回）＝\frac{売上高}{総資本}$$

　この総資本回転率は業種によって異なりますが、本来、1.5回転から

2回転はほしい数値です。

　たとえば1億円の資本を使っている場合は、1億5,000万円か、2億円の売上高がほしいということです。

　一般的には、大企業や多大な設備を要す装置産業は総資本が大きいですが、総資本回転率は1回転超と低く、反対に売上高経常利益率は高いのが目立ちます。

　これに対して卸売業などは、総資本は小さいですが、売上高は大きいので、回転率は2回転内外と少し高く算出されます。

　しかし、この場合は売上高経常利益率は低いのです。

　いずれにしても一方で利益率をアップし、一方で回転率を上げることで総資本経常利益率を高めることは、企業経営にとって重要不可欠の命題です。

　そこで、この命題を、どうすれば実現できるかを策定することが求められています。

2)　総資本経常利益率の目標値

　もともと、企業経営にとって、この目安は少なくとも10％はほしいと言われてきました。中小企業でも7～8％はほしい数値です。

　この理由は簡単です。

　一般に株式配当は10％以上あることが、一応のメドでした。

　こうなると企業経営でも投下した資本の10％を稼げなくなったら、企業経営から手を引き堅実な上場企業の株式に投資したほうが、より安全で確実に稼げるという論法です。

　また、ご承知のとおり、かつてのよき時代は、郵便局の定額預金さえ、10年預けておけば複利もあって2倍になって戻ってきたものです。1年間で1割の利息収入の計算となるから、1割以下の収益では話にならないとなります。

　この論法でいくと、いやしくもリスクを背負い利益追求に励む企業経

営では、中小企業でも７～８％は、いまでも目標としなければならない
となります。

　たとえば中小企業卸売業で８％を目標としたら、総資本回転率は、せ
いぜい２回転が精一杯ですから、売上高経常利益率は４％が必要な目安
となります。

　こうなると総資本経常利益率８％を実現できます。

総資本経常利益率＝総資本回転率×売上高経常利益率
　　　　　　　８％　　　　　　２回転　　　　　　４％

3)　中小企業の総資本経常利益率

　次に2019年度調査の中小企業の総資本経常利益率の大分類の指標
を、記載しますので参照してください。

※参考迄に2015年度の中分類の指標とその構成要素である売上高経常利益率と総資本回転
　率も記載しておきます。

中小企業の総資本経常利益率（大分類）規模別（単位：％）

	調査年度	2015	2017	2018	2019	2018TKC経営指標(黒字企業)	2020
	実績年度	2014	2016	2017	2018	2017	2019
大分類	全産業	3.6	4.1	4.2	4.0	－	3.8
	建設業	4.3	4.8	5.7	6.1	6.8	6.1
	製造業	4.1	4.5	4.9	4.5	5.5	4.0
	情報・通信業	5.7	5.8	5.8	6.0	8.0	5.8
	運輸業	3.5	4.5	3.7	3.8	－	3.7
	卸売業	3.5	3.2	3.7	3.6	4.5	3.3
	小売業	3.2	4.4	3.9	2.1	4.6	2.8
	その他サービス業	32	4.9	5.4	5.6		5.0
	不動産物品賃貸業	2.7	2.8	2.6	3.1		2.5
	宿泊飲食サービス業、娯楽業	1.6	2.5	2.7	2.7		1.6
	生活関連サービス業娯楽業	3.1	3.9	3.2	2.2		3.4
	専門技術サービス業	5.4	6.9	4.5	4.3		3.4

中小企業の総資本経常利益率（中分類）2015年度調査　参考）

	総資本経常利益率 (%)	売上高経常利益率 (%)	総資本回転率 (回)
プラスチック製品製造業	3.7	3.4	1.1
石油・石炭製品製造業	5.5	5.1	1.1
食料品製造業	3.5	2.4	1.4
飲料等製造業	3.4	3.7	0.9
機械器具卸売業	4.3	2.5	1.7
不動産取引業	4.3	5.4	0.8
金属製品製造業	3.6	3.6	1.0
道路貨物運送業	3.6	2.5	1.4

資料「中小企業の財務指標」（2015年度調査）
　　「中小企業の財務分析」（2017年度調査）（2019年度調査）
　　「中小企業白書」（2018年度調査）（2020年度調査）
　　「TKC経営指標」（2018年度調査）

4）　自社の総資本経常利益率のレベル診断の手順

1S　まずできれば自社と業種平均の総資本経常利益率を記入しましょう。

自社決算年度		2015年度	2016年度	2017年度	2018年度	2019年度
中小企業庁調査年度		2016年度	2017年度	2018年度	2019年度	2020年度
自社総資本経常利益率						
中分類	業種平均同上比率					
大分類	業界平均同上比率					

2S　自社の総資本経常利益率の基調が伸びているか、横バイか、低下しているかを判定します。

レベル	a	b	c	d
自社の基調	おおむね上昇基調	おおむね横バイ	横バイもあるがおおむね下降基調	かなり下降基調
判定				

3S　自社の総資本経常利益率とできれば業種平均の同比率を比較して判定
　業種平均が把握できない場合は、大分類の業界平均値との比較とする

	レベル	a	b	c	d
中分類	業種平均との対比	自社が高い	ほぼ業種平均に近い	業種平均より低い	業種平均よりかなり低い
大分類	業界平均との対比	自社が高い	ほぼ業界平均に近い	業界平均より低い	業界平均よりかなり低い
	判定				

　業界平均の数値や業種平均の数値と自社数値を比較して問題点を抽出し、改善を図るよう努めます。

4S　自社の総資本経常利益率のレベルを診断し記入
　この比率の優劣の診断も主に前述した総資本経常利益率の目標（大企業は8％、中小企業は7％）にウェイトを置いて診断することにします。
　このため上記の2Sの自社の総資本経常利益率の基調と3Sの業種平均との比較判定は、補足資料とします。
　なぜなら業種の平均自体が低い場合は、自社の比率が高いからといって、必ずしも自社の比率が優れているとは言えないからです。

(診断No.12) 自社の総資本経常利益率のレベル診断表

	レベル	A	B	C	D
自社のレベル		理想は8％以上7％以上	～5％	～3.5％	3％未満
診断					

［3］ 1人当たり付加価値（労働生産性）の業績への寄与度合いを診断

⑴　付加価値とはどういうものか

　付加価値とは、外部から購入した原材料、部品、外注費などのすべてを差し引き、その企業自身で新しく、この世に産出した価値のことです（ちなみに、一国全体の稼ぎ高であるこの付加価値を総合計すると、「国内総生産：GDP」となります）。

　この付加価値のうち、1人当たり付加価値とその伸び率が業種平均と比較して、高いか低いかは効率性（生産性）を示す総合指標であり重要な指標です。企業が稼ぎ出す「付加価値額」は従業員数×従業員1人当たり付加価値額（労働生産性）によって決まるのです。

　企業にとっては、1人当たり付加価値のアップに努めることは不可欠の命題です。

1）　付加価値の算出方法

主なものは加算式と控除式で、簡略法もあります。

①　加算式……本書では加算式で算出

付加価値額＝人件費＋賃借料＋支払利息＋租税公課＋減価償却費＋経常利益

②　控除式

付加価値額（加工高）＝売上高－外部購入価値

③　簡略法

・流通業の場合

付加価値額は売上総利益を指します。

（計算例）月商1億円で粗利益率が20％であれば、2,000万円が粗利益額つまり売上総利益となり、これを付加価値額ともいいます。

・製造業の場合

1S　月商×材料費率＝材料費

2S　月商－（材料費＋外注費など）＝付加価値額

　　　　　　　└────┬────┘

　　　　　　　　外部購入価値

※材料費率とは、売上高に占める材料費の割合です。一般に、この材料費率は、各業界ごとに大枠で定まっており、これを利用します。

2)　1人当たり付加価値額（労働生産性）の算出方法

付加価値額を従業員数で割って算出します。業績アップには、いかにこの比率を少しでもアップするかがポイントです。

$$1人当たり付加価値額 = \frac{付加価値額}{従業員数（平均）}$$

（例）$\dfrac{8,000万円}{10名} = 800万円$

3)　1人当たり付加価値（労働生産性）

次のように分解できます。

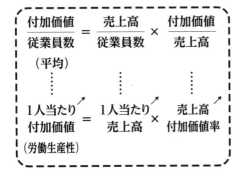

◎　**労働生産性のアップの主要因（P89 参照）**

- 従業員１人当たり売上高を増やす
- 付加価値率をアップする

◎　**労働生産性ダウンの原因は上記の反対です。**

　この対策としては、営業力を強化しての１人当たり売上高の拡販、商材力の強化、コストダウンによる付加価値のアップなどです。

4）　労働生産性（１人当たり付加価値額）の優劣の判定の困難性

　労働生産性は、業種、規模によって大きな格差があります。ほかの指標のように明確に優劣を計るモノサシが見当たらないのが難点です。

　また、労働生産性の業績への寄与度合いを把握するには、無論、労働生産性自体の優劣の把握も必要ですが、労働分配率、１人当たり人件費などとの関連で把握する必要があります。

　なぜなら、労働生産性がある程度高くても、労働分配率が高ければ、利益計上の大きな阻害要因となり業績は低迷するからです。

5）　労働生産性の診断

　ここでは労働生産性は、労働生産性自体と、労働分配率、１人当たり人件費の３者の数値を算出し、相互関連をチェックして診断します。

①　労働分配率と１人当たり人件費

　労働分配率とは、付加価値に占める人件費の割合です。

　この労働分配率に１人当たり付加価値（労働生産性）を掛けると１人当たり人件費となります。

$$労働分配率 = \frac{人件費}{付加価値} \times 100（\%）$$

$$1人当たり人件費 = \frac{人件費}{従業員数}$$

$$\frac{人件費}{付加価値} \times \frac{付加価値}{従業員数} = \frac{人件費}{従業員数}$$

$$労働分配率 \times \begin{array}{c}1人当たり\\付加価値\end{array} = \begin{array}{c}1人当たり\\人件費\end{array}$$

②　参考指標として「付加価値率」の計算方式を掲載しておきます。これは売上高に占める付加価値の割合です。業種によって、かなりの格差があります。

$$付加価値率 = \frac{付加価値}{売上高} \times 100（\%）$$

6)　中小企業の1人当たり付加価値と関連指標をチェック

中小企業平均の労働生産性（1人当たり付加価値）と関連指標

		1人当たり付加価値（万円）		1人当たり人件費（万円）		労働分配率（%）	
		企業平均	黒字企業	企業平均	黒字企業	企業平均	黒字企業
大分類	全産業	517	–	355	–	68.6	–
	建設業	633	983	433	522	68.3	53.1
	製造業	579	860	407	454	70.3	52.9
	情報・通信業	621	896	469	540	75.5	60.1
	運輸業	496	–	376	–	75.9	–
	卸売業	632	980	421	480	66.5	49.1
	小売業	370	678	268	342	72.5	50.6
	不動産物品賃貸業	1,007	–	402	–	39.9	–
	宿泊飲食サービス業	243	–	171	–	70.5	–
	生活関連サービス業、娯楽業	434	–	267	–	61.4	–
	専門技術サービス業	597	–	441	–	73.9	–
	その他サービス業	341	–	280	–	82.1	–
中分類	金属製品製造業	623	–	442	–	70.9	–
	化学工業	947	–	550	–	58.1	–
	食料品製造業	395	–	293	–	74.2	–

企業平均の資料「中小企業の財務分析」（2019年度調査）
黒字企業の資料「TKC経営指標」（2018年度調査）

　これをみると、不振企業を含む平均指標のため、労働生産性は総じてかなり低いので、1人当たり付加価値に占める1人当たり人件費の割合が高くなっています。

　このため結果として多くの業界で労働分配率を限界点や、それ以上にアップさせて収益悪化を招いているのが目立ちます。

　ここは全社を挙げて労働生産性の向上に取り組むことが不可欠の課題となっています。

　業種別に、かなりの格差が存在します。たとえば労働生産性が比較的高い製造業に属していても、業種によって、そうではない企業があることがわかります。

特に中小企業でも設備投資を要する資本集約的企業（たとえば化学工業など）は、労働生産性が高く、人手中心の労働集約企業は、労働生産性が低いのが特徴です。

卸売業が比較的高いのは、主に大企業の指定代理店として、安定的な販路をもち、それなりの付加価値を得ているケースが多いのも一因です。

また、卸売業のなかには、近年、独自の高付加価値の商材を開発して、自社ブランドとして販売して稼いでいるケースも目立ちます。

(2)　自社の1人当たり付加価値額の診断の手順

1S　自社の1人当たり付加価値を算出し、その推移を記入しましょう。

自社決算年度		2016年度	2017年度	2018年度	2019年度	2020年度
自社付加価値額						
自社従業員数						
自社1人当たり付加価値						
中分類	業種平均1人当たり付加価値					
大分類	業界平均1人当たり付加価値					
自社人件費合計						
自社1人当たり人件費						
自社労働分配率		%	%	%	%	%

※1人当たり人件費 = $\dfrac{人件費}{従業員数}$

※労働分配率 = $\dfrac{人件費}{付加価値} \times 100$（%）

$\dfrac{5,000万円}{1億円} \times 100$（%）= 0.5

これは付加価値に占める人件費の割合を示します。

この例では50%

◎　この表では自社の1人当たり人件費と労働分配率を算出しておき

ましょう。「中小企業の財務分析」には大分類としては、1人当り付加価値額と労働分配率が記載されています。中分類には、業種別の1人当たり付加価値額と1人当り人件費が記載されています。

2S　業種平均が把握できたら、自社の労働生産性と比較し優劣をチェック

特に自社の労働生産性が低い場合は問題です。この原因の徹底検証と改善が急務です。

◎　留意点としては、業種平均自体が、かなり低レベルのケースが多いので、この比較で自社の数値が高いからといって、必ずしも優れた労働生産性であるとは限らないということです。

3S　自社の労働分配率の適正度を判定

前にもふれましたが、労働生産性の健全度の優劣は、労働分配率との関連が重要です。

この意味で自社の労働分配率が、どのレベルかは重要な視点です。

自社の労働分配率の判定表

レベル	a	b	c	d
労働分配率	45％以下	～55％	～60％	61％以上
判定				

上記は目安としての各業界の共通の基準とされています。

少なくとも55％以下を維持することが肝要です。60％を上回ってくると、苦しい経営を余儀なくされます。

4S　どの企業にも求められる1人当たり付加価値（労働生産性）と自社の1人当たり付加価値を比較し、レベル判定欄に記入

◎　いま中小企業でも大ざっぱに、少なくとも1人当たり付加価値額は800万円（小売業では650万円）ぐらいは必要だと言われています。

これぐらいなければ、1人当たり人件費やその他の経費をまかなうことはむずかしい、となるからです。

ただし、この数値は業種、規模などによって大きく異なりますので、あくまで参考数値です。

なお、上場大企業の場合は、1,200万円台から1,500万円台が目立ちます。

自社の1人当たり付加価値額のレベル

レベル	a	b	c	d
中小企業	1,000万円以上	～800万円	～600万円	600万円未満
判定				
中小小売業	800万円以上	～650万円	～450万円	450万円未満
判定				

5S　自社の1人当たり人件費自体の多寡と、加えて業種（または業界）平均の1人当たり人件費のレベルをチェック

1人当たり人件費の平均は、企業規模、勤続年数、また前掲のように業種の違いなどによって格差があり、一概に評価はできません。大ざっぱですが、中小企業では400～450万円と言われている世間の平均相場（小売業は300～350万円）との比較に加えて、業種平均、または業界平均との比較で評価することにします。

6S　ここまでみてきた、3Sの自社労働分配率と4Sの労働生産性と5Sの1人当たり人件費の3者の相互関連の適正度合いを総合的に勘案して、自社の労働生産性の業績への寄与の度合いを診断

(診断No.13) **自社の労働生産性の業績への寄与の度合いの診断表**

レベル	1人当たり付加価値	1人当たり人件費	労働分配率	業績への寄与度合い	診断
A	高いレベル	高いレベル	低いレベル	高い	
B	やや高いレベル	やや低いレベル	低いレベル	やや高い	
C	低いレベル	低いレベル	中〜高レベル	低い	
D	かなり低いレベル	低いレベル	高いレベル	低い、危険	

- 最も理想的なタイプはAです。
- Bは、従業員のモラルや定着率に問題があります。
- Cは、安い人件費をベースに経営を続行しているが、労働生産性は低く、このままでは発展の可能性は乏しく、早急に現状からの脱却を目指して体質改革への着手が待たれます。

いま、多くの中小企業は、このCタイプです。

- Dタイプは、付加価値の絶対値が過小のため、1人当たり人件費が少ないのに労働分配率が高く、危険なタイプといえます。

　いずれにしても、1人当たり人件費をアップするためには、いかに1人当たり付加価値を増やしていくかとなります。

　業績のよい企業は、おしなべて1人当たり人件費が増えていますが、労働分配率は下がっているのが目立ちます。

　これは労働生産性の向上が要因です。

◎　かねてから、社員がそれぞれの給料の3倍を稼いでくれると、「会社は十分な利益を計上できる」し、「2.5倍なら、まずまず」で、「2倍なら、ぎりぎり」まかなえる。しかし、これが「1.5倍しかないと経費倒れになる」——と言われてきました。

　業種、規模によって違いはありますが、いまでもこの命題は「経営の要諦」として、「労働分配率の必要基準」と相通ずるのではないでしょうか。

　いま、生産性の向上は、日本経済にとって緊急の命題です。日本生産性本部によると、日本の労働生産性は OECD（経済協力開発機構）加盟国 36 カ国の中で 21 位とかなり低いランクです。（18 年度）

　これは、日本企業のなかで中小企業が多く 97％を占めていることにも起因しています。

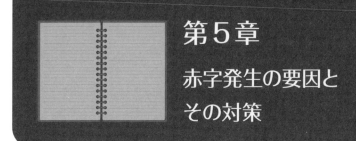

第5章
赤字発生の要因と
その対策

　赤字発生には、自社を取り巻く環境変化によるものと、企業自身に起因するものとがあります。

[1] 自社を取り巻く環境変化に起因するもの

⑴　景気変動で一時的に売上減退

　景気は、いずれ回復しますが、長びく不況下の生き残り対策には、平時からの財務体質の強化につきます。

⑵　仕入価格のアップ

　円安の進展で原材料などの仕入価格がアップしているのに、競争激化で売価に転嫁できない状態が続いています（反対に円高の場合は、輸出競争力が減退し売上減少）。

⑶　安価な輸入商材

　対抗できずに、売上減少をきたしています。

⑷　得意先の減少による売上減退

　多くの業界で、得意先の海外移転や合併、廃業、倒産、仕入先の選別の強化による取引打ち切りなどで得意先の数は減少しています。

　これをカバーするには、いかに現行得意先への自社シェアアップをおこなうか、また新規得意先を開拓するかにかかっています。

⑸　通信販売や異業種などからの参入

　競争相手が増え、それだけ競争激化を招いています。

　これらの環境変化は企業としては、直接的にはどうしようもないことで、自社の商材力や営業力など競争力をアップして業績悪化を回避するしか打つ手はありません。

　その証拠に、商材力や営業力の強い業界トップ級企業やオンリーワン企業、地域一番店などは、大企業、中小企業を問わず、この環境変化に左右されず安定した経営を続けています。

　そこで対策として具体的には、次に述べる企業自身の体質強化策で戦闘力をアップして、環境変化による業績悪化を回避するとともに企業自身の赤字要因を払拭することにつきます。

　また、ここで述べる赤字要因も、いくつか重なる場合は、根幹に経営方針、経営戦略自体に問題があるケースが多いので、根本的に再検討すべきでしょう。

［2］企業自身に起因する主な原因と対策

　損益分岐点が高い原因などを詳しく調べ、全社を挙げて下記の対策に取り組み、生産性アップを図ることが急務です。

　取り組む順位は、まず不採算部門からの撤退です。次いで無駄な固定費を徹底的に見直して削減することです。

　その後は変動費の削減です。これは交渉相手のあることが多く即効性は期待できず、固定費削減の後順位です。なお、売上高拡大や不良債権撲滅などは併行して推進したらよいのです。以下、100頁に図示します。

〈主な原因〉	〈対策〉		〈効果〉
Ⅰ　不採算部門が足を引っ張っている	損失削減	・不採算部門から撤退（この先、見込みなしと決断）	損失ストップ
Ⅱ　固定費が高い	固定費削減	・不用不急の管理費用の徹底削減 ・外注利用や適正配置で人件費削減 ・固定費の変動費用化の促進 ・過大な設備投資ストップ	コストダウン
Ⅲ　変動費が高い	変動費削減	・仕入原価、外注費の引き下げ ・作業工程の能率向上、不良率の削減 ・不良在庫品、過剰在庫品の削減 ・材料、部品変更によるコスト引き下げ ・物流コスト引き下げ	コストダウン
Ⅳ　売上高不足 ・営業力が弱い ・商材力弱い ・得意先力弱い	売上高拡大	・営業部門の強化 ・新規開拓力の強化 ・商材戦闘力の強化	売上増
Ⅴ　販売価格値下げ	価格維持	・販売価格値下げ回避とアップの努力（値下げは社長承認事項とするなど）	粗利益確保
Ⅵ　その他不良債権の発生など	損失回避	・与信管理の徹底	損失回避

◎　業績不振の原因と対策についてのまとめと補足

　業績不振の主な原因と対策については、全編にわたって解説してきましたが、本項で一部補足説明しておきます。

　1)　**営業力が弱い**

イ　営業部門が弱くライバルとの競争に競り勝てず、売り上げが伸びない

ロ　新規開拓力が弱い

ハ　販売ルートが弱体……得意先に弱小企業が多いので売り上げが伸びずに減退基調

ニ　安易に値引き交渉に応じて値下げして粗利益率を下げている

……営業担当者の折衝力弱腰と商材の差別化不足による

これでは利益は出ず、いかに、これを強化するかが不可欠の命題です。

　ここは、なんとしても営業担当者の教育も含めて営業力強化に本腰を入れていくしかありません。

　2)　**新商材開発力が弱い原因**

　顧客ニーズや需要の動向に敏感ではなく、また、研究開発の努力が、いま一歩不足です。

　前にも述べたように、中小企業でも、全従業員の知恵とヤル気を結集すればできる、現行商材の改良による付加価値のアップと新商材開発へ力を入れて取り組むことです。

　3)　**過度な設備投資が重荷ないし設備投資不足による競争力低下の原因**

　過度な設備投資は、需要の見通しや業者間の設備投資の動向の過大評価に起因します。

　投資の大半を銀行借入れでまかなっていれば利子負担の重荷に加え、

やがて返済資金が欠乏して経営危機を招きます。

　後者は生産能力、コスト、品質、納期などで遅れをとり、競争力が衰退していきます。

コラム

未来工業の実例

　徹底的な経費削減では、よくマスコミに登場する未来工業の実例をご紹介します。ともかく節約できるところは徹底して節約しています。

　たとえば創業者で実質の最高経営責任者の送迎用自動車は、20年前の日産サニーの商用車でした。

　これは特に節約はトップが模範を示すことが何より不可欠という考え方の表われです。

　このように徹底的にコストを削減し、それで生じた利益は社員に分配するという考え方が全社員にも浸透しており、全社を挙げて節約に努めているので成果も上がるはずです。

第3部

経営管理力のレベルを診断

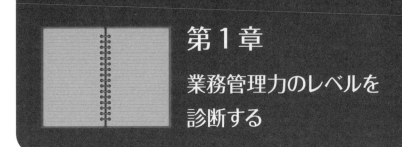

第1章
業務管理力のレベルを診断する

[1] 与信管理は万全か

……与信管理とは貸倒れを防止するための対策です。

(1) 与信管理の重要性の再認識

与信管理のまずさで連鎖倒産に追い込まれた企業が多い昨今、与信管理を充実させることは不可欠の命題です。

このため本書では、与信管理に多めにページ数を割きました。

◎ 与信管理のむずかしさ

企業の与信管理は、銀行の与信管理より、はるかに難儀なことです。

銀行のように不動産担保や保証人はとれず、決算書や税務申告の写しやプロによる審査や実施調査、疑問点のヒヤリングなどの入念な調査はできません。

このためリスク大で企業の与信管理は、銀行以上の厳しさと、それなりの「与信管理のノウハウ」が求められているのです。

(2) 取引先の倒産は、回収不能の焦げ付き額だけ損害が発生

一般に手形取引の場合、毎月の取引額の4〜5倍になる例が大半です。

たとえば、取引先からの1カ月の支払額が200万円の場合、手形サイトが4カ月なら、倒産時点で800万円の不渡手形を抱えることになります。

加えて当月の納入分200万円も回収できず、合計1,000万円の損失の発生となるのです。

(3)　最も効果的な貸倒れの防止策は営業担当の与信教育

　貸倒れ損失額の穴埋めをするには、上述の例では卸売業の場合、1カ月200万円の取引先が倒産したら、このあと詳説しますが、最低でも4億7,619万円の売上高が必要となるのです。これを知ってもらうことが最も与信教育に効果的なのです。

　筆者の与信管理のセミナーでも、この穴埋めのための必要売上高を知ることで、営業担当の多くは、あまりの大きさに驚き与信管理の重要性を認識するのです。

1)　穴埋めの必要売上高の計算方式

　前述の例を計算するには、自社の営業利益率で1,000万円を稼ぎ出すのに必要な売上高を求めたらよいのです。

　これには、まず、自社の売上高利益率を把握する必要があります。

　◎　**営業利益率とは売上高と営業利益との比率です。**

$$営業利益率 = \frac{営業利益}{売上高} \times 100(\%)$$

　◎　**営業利益の算出方法**

> **売上高**
> **−) 売上高原価**
> **売上総利益**
> **−) 販売費・一般管理費**
> **営業利益**

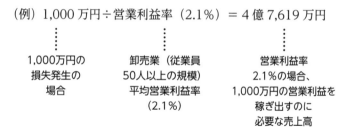

（例）1,000万円÷営業利益率（2.1%）＝4億7,619万円

1,000万円の
損失発生の
場合

卸売業（従業員
50人以上の規模）
平均営業利益率
（2.1%）

営業利益率
2.1%の場合、
1,000万円の営業利益を
稼ぎ出すのに
必要な売上高

$$（注）営業利益率（2.1\%）＝\frac{営業利益}{売上高} \times 100（\%）$$

$$＝\frac{1,000万円}{4億7,619万円} \times 100（\%）$$

2)　この算式から、卸売業で 2.1％の営業利益率のある企業が得意先倒産で 1,000万円の焦げ付き発生の場合は、この穴埋めに 4億 7,619万円の売り上げが追加で必要となります。

ただし、この 2.1％は従業員 50人以上の卸売業の平均で、従業員 6〜 20人の卸売業の場合は、営業利益率の平均は、後掲のとおり 1.7％のため、1,000万円の損失の穴埋めには、5億 8,824万円の売上高が必要となり、いかに大変なことかと認識できます。

重ねてふれますが、これらは 1カ月 200万円の手形取引の場合のリスクです。

3)　また 1カ月 1,000万円の手形取引の場合は、営業利益率が 2.1％として、5,000万円の穴埋めには 23億 8,095万円の売上高が追加で必要となります。これがどれだけ大変なことか、言うまでもないことです。

もし、用意できなかったら自社が行き詰まり、連鎖倒産に陥ってしまいます。

この穴埋めに必要な売上高と穴埋め資金の大きさを知ることで、営業

担当の与信管理への態度が変わるのです。

　ここが営業担当者への与信管理教育に不可欠のポイントで、十分理解してもらいたいところです。

　以上、述べたように回収不能の焦げ付きは、企業経営にとって大きな痛手となります。

　営業担当者たる者、常に完全回収を心がけ、得意先の信用状態に目を光らせ、焦げ付き回避のため注意を怠らないようにしたいものです。

　特に得意先の経営環境の変化、経営内容の変化、支払状況の変化などで異常を察知したときや、また、経営悪化の噂を聞いたときは、必ず上司に報告するようルールづけることです。このとき有効なのが、後掲の「得意先異常発生報告書」の活用です。

⑷　得意先異常発生報告書の活用のすすめ

　営業担当が日常の訪問活動のなかでキャッチしたさまざまな「異常な兆候」を注視して見逃さず、速やかに、この「得意先異常発生報告書」に記入して上司に報告し、関係者と対策を検討することにします。

　企業側はこの報告を受けて、信用調査機関に調査を依頼して、信用状態を確認することにします。

　場合によっては、即座に取引中止の決断を迫られるケースも出てくるでしょう。

　注意点としては、営業担当の立場としては、異常を報告することで、翌月より取引中止で売り上げは減少し、ノルマ達成ができなくなることを懸念して、都合の悪い報告を「先のばし」するケースです。

　しかし、それでは取り返しのつかない事態を招く恐れもあります。

　ここは直ちに上司に異常発生報告書を提出するシステムを整備し遵守するよう制度化しておくとよいでしょう。

得意先異常発生報告書

年　月　日

取引先社名 _____　　　　部課 _____

信用限度額 _____　　　　氏名 _____

	警戒警報のシグナル	避難検討警報のシグナル
集金面の変化	1. 現金払いから手形払いに変更 2. 手形サイト延長の依頼があった 3. 小額の手形を受け取る 4. 支払日の変更（5日払い→月末払いに変更） 5. 回り手形が減り、自己手形が増加	1. 支払手形の決済銀行変更 2. 手形サイト延長の慢性的依頼 3. 融通手形らしい回り手形で支払い 4. 一部、仕入先へのジャンプ要請の噂 5. 高利金融業者利用の噂を聞く
業務面の変化	6. 主要仕入先の変更(理由が納得不能) 7. 売り上げ（操業度）の低下が目立つ 8. 安値販売を始めている 9. 在庫の増加が目立つ(売り上げ不振) 10. 不良品、クレームの頻度が多い 11. 得意先の倒産が目立つ	6. 頻繁に仕入先が変更(仕入先撤退か) 7. 売り上げ（操業度）の一段の低下が目立つ 8. ダンピング販売の噂が広がる 9. 仕入先への過大発注（ダンピングか買いだめか） 10. 大口得意先の倒産発生
経営面の変化	12. 不動産など資産売却（理由が納得不能） 13. 金融機関派遣の役員退任 14. 突然の有力役員の退任（理由不明） 15. 社長の長期入院、健康不安（後継者いない）	11. 登記簿に一部仕入先などによる2番手、3番手の駆け込みの不動産担保設定 12. 幹部、有能な社員の退社が目立つ 13. 社長、経理幹部など外出で不在多い 14. 購買、経理など担当者の態度変化（遠慮がちなど）
報告		
対策		

[2] 与信管理のレベルを 診断表に記入する

　次の1～4の設問のなかで最も該当するものを選び部分診断欄に記入します。まとめ診断は、2、4が重視点であることを勘案して、A′B′C′D′で自己診断してください。

1. 営業担当への与信管理教育は十分に実施しているか。
2. 営業担当は担当取引先に対する信用状況をよく把握しているか。
3. 完全回収のための社内マニュアルを作成しているか。また営業担当はそれを遵守しているか。
4. 焦げ付きの発生はあるか。その程度は。

診断No.14 与信管理のレベル診断表

レベル No.	a′	b′	c′	d′	部分診断
1.	十分実施している	ある程度実施	やや不十分	不十分	
2.	よく把握している	ある程度把握	やや不十分	不十分	
3.	遵守している	ある程度遵守	遵守不十分	作成していない	
4.	頻度はきわめて少ない	頻度少ない	頻度やや多い	頻度は多い	
まとめ診断					A′B′C′D′

［3］ 在庫管理のレベルを診断する

⑴　在庫金額は適正か

　どの業界でも、業界標準の在庫高というものがあります。たとえば、中小の卸売業は月商の 0.7 カ月、小売業は 0.8 カ月内外、製造業は仕掛品など含めて 1.3 カ月分が多いようです。

　そこで、製造業や輸入商材などは別ですが、一般的には、多くても月商の 1 カ月分の在庫を保有していれば問題ないはずです。

　特別な事情がない限り、2 カ月分以上も在庫を抱えている場合は、明らかに過剰在庫といえるでしょう。

◎　在庫の持ち過ぎのデメリット

①　資金が寝て固定化してしまい、肝心なときに必要資金が不足してきます。

　たとえば業界平均より 1 カ月在庫が多いと、1 カ月も余計な資金を投入しており、もし自己資金がなければ銀行から借りていることになり、それだけ銀行からの借入れ枠がせばまります（いざ、資金必要のとき借入れ困難となります）。

②　在庫が多いほど金利負担が大で収益面でマイナスです。

③　陳腐化すると売りものにならず、不良在庫化し損失発生のリスクがあります。

④　整理、整頓ができにくいので、重複発注などミス、ロスが発生しやすくなります。

⑵　在庫金額を減らすことに努めているか

　特に製造業は、原材料、部品などを購入して製造するため、結果的には、これらに資金をいちばん多く使っています。

　一般に製造業は、余裕をみて棚卸資産としての部品、仕掛品、完成品などを、かなり多めに在庫しています。

　しかし、これらの棚卸資産を、できる限り圧縮して資金を浮かそうと全社的に取り組んでいる企業も少なくありません。

　全社的システムとして先駆けたトヨタのジャスト・イン・タイムなどは、この代表的な例です。

(3)　毎月、月末には在庫の棚卸しをしているか

　月末に必ず在庫の棚卸しをして帳簿と実在庫との数量差を把握し、そのつど適確に処理している企業は、健全な在庫管理をしていると言えるでしょう。

1)　月末に在庫の棚卸しをするメリットは大きい

①　月次決算表の内容がより正確になります。

②　請求書提出漏れや誤納入などを早く発見できます。

③　入荷したまま出荷せず2カ月以上も倉庫内に滞留している商材のリストを営業担当に提示し、早く出荷するようプッシュできます。

2)　小売業など業種、業態によっては、物理的に毎月の棚卸しが困難なケースもある

　また、棚卸しを3カ月ごと、半年ごと、1年ごとにする企業もあり、それぞれ業務管理のレベルを示しています。

　しかし、棚卸期間の間隔が長いほど、決算書の正確性を損ねることは確かです。

［4］在庫管理のレベル診断表に記入する

次の A′～ D′の項目のなかから、自社に最も該当するものを選んで
診断欄に記入してください。

A′. 全社的に在庫を減らすことに努めており、在庫は適正である。ま
た、毎月、月末には必ず在庫の棚卸しをしている。

B′. 常に在庫はやや持ち過ぎであるが、一応、許容範囲である。また、
毎月、月末から月初めにかけて在庫の棚卸しをしている。

C′. 在庫は明らかに過剰在庫であり、また、定期的には毎月の棚卸し
をしていないが、年に何回かは実施している。

D′. 全社的に適正在庫管理の意識は乏しく、かなり過剰在庫気味で
デッドストックも抱えている。また、棚卸しの回数もきわめて少な
い。

(診断No.15) 在庫管理のレベル診断表

レベル	A′	B′	C′	D′
診断				

コラム

徹底的な棚卸資産（在庫、仕掛品、材料など）
退治で借金を返済したキヤノンの実例

　かつてキヤノンの御手洗社長は、社長に就任して経営改革に着手されました。その第一歩としての「当時の過大な棚卸資産の圧縮にいかにして成功したか」のいきさつが「週刊ダイヤモンド」に掲載されていました。

　大変参考になると思いますので、紹介することにしましょう。

　いちばん先に手をつけたのが、製造部門の改革です。

　製造部門は、多くの部品を大量に購入して商材を製造しており、この過程で工場内や倉庫には、原材料や仕掛品、完成品などの棚卸資産が山積されていました。

　そこで、これを減らすことができれば、減らした分だけ資金が少なくてすむので、全力で取り組んだそうです。

　この削減に効果があったのがセル方式の導入です。

　これは、40人ぐらいの単位で従業員が肩と肩を突き合わせて、U字型や円型になって仕事をする方式です。

　1人が加工したら、それをすぐに次の工程を担当する隣の人に手渡します。人と人の間に仕掛品がないので、この間の仕掛品が激減したとのことです。

※それまでのコンベアー方式では、必ず人と人との間には多くの仕掛品などが流れていました。

　これが功を奏して、当時、22～23日分あった仕掛品が7日分と大幅に減ったそうです。

　加えて、コンベアーを片づけて空いたスペースに部品を置いたそうです。

　これもジャスト・イン・タイム制を導入して、この部品は原則として仕入先の部品メーカーの在庫として、組み立て時に、その部品を購入することにしたのです。

　これによって、当時、棚卸資産の回転期間が、子会社の分を含めた連結で平均52日になったそうです。ピーク時は85日だったので、30日分以

上、短縮に成功したわけです。

　1日当たりの在庫が約80億円あったので、30日分として2,400億円の資金が浮いた勘定になったとのことです。

　正確には約3,000億円の資金が捻出できたそうです。

　これを借金返済に充当したとのことです。

　つまり、商材を売って利益を稼がなくても棚卸資産の圧縮だけで、これだけ巨額の借金を返済できたのです。

　この事例は、いかに過大在庫を抑え、適正在庫維持が重要かを表わしています。

　なお、この在庫削減の方式は、製品の種類、製造数量の多寡などにより異なってきますが、要は、より実態に即した方式を導入すればよいのです。

　これは大企業の事例ですが、中小企業でも原理原則は同じです。

　むしろ、中小企業の場合は財務の健全性維持の面からも、大企業以上に過剰在庫は禁物で、適正在庫維持は不可欠の命題なのです。

［5］品質管理のレベルを診断する

　製造業でもサービス業でも、品質管理は経営の基盤となるものです。

　これはクレームのない品質のよい商材をより安価に、より早く提供するための管理です。

　このため、品質管理のレベルをいかにアップするかが不可欠の命題となります。

　そこで全社を挙げて、各自が定められた作業の標準を遵守して、それぞれの仕事の品質の維持向上にいかに真剣に取り組んでいるかが求められます。

　また、これには各自が標準どおり仕事をしてるか否かをチェックするシステムも必要です。加えて、品質に万全を期すための検査体制の充実

114 ■■■■

が求められます。

　この品質管理に、慣れからの油断と手抜きがあると、思わぬクレームが発生し、信用の失墜をきたすので油断大敵です。

(1)　クレーム発生の主な原因と防止策

1)　製造工程や施行工程でのミスによる発生

これは主に技能未熟により発生します。

この場合も、検査体制が十分に機能していれば防止できます。

2)　社内各部門での連絡不十分によるミス発生

これは各部門間での連絡を密にして万全を期すことで阻止できます。

3)　納品後に顧客の要求する「品質や使い勝手」などのレベルの「くい違い」による発生

これは、受注時での営業担当の調査不足や顧客の勘ちがい、理解不足などに起因します。

　この防止には、営業担当が得意先のニーズを十分に理解して、得意先の関連部署や自社内でもあらかじめよく説明しておくことで、かなりのクレームを防止できます。

　また納品時に、使用方法以外に、注意事項の要点をよく説明し納得してもらうことがクレーム防止に役立ちます。

4)　社内でのクレーム撲滅運動を推進

油断すると、すぐクレームが発生します。

　社内の関係者全員が参加して定期的に撲滅運動を実施し、「この商材は、どうしたらクレームの発生を防止できるか、そのためには何をすべきか」を再確認する機会をつくるのも、ひとつの手です。

　また、クレーム防止のマニュアルの整備と教育を徹底することが求められます。

5)　製品検査重視の徹底が求められています。

イ)　日本の製造業の検査軽視の蔓延

　昨今、日本の大手製造業や、その子会社による品質改ざんや法令軽視した検査の偽装など、あってはならない、まさかの不正が続々と発覚し問題となっています。

　発覚すると、信頼感が大きく揺らぎ信用の失墜につながります。

ロ)　改ざんや無検査など偽装の理由

　納期遅れの挽回、検査員不足、コスト低減などを挙げているが、基本的に検査軽視の風潮が、はびこっているのが主な原因といえます。

ハ)　製品検査は自社防衛の礎

　ベースには自社製品への信頼感があったにせよ、製品検査は品質保証の根幹であり、クレームなど問題点の早期発見の場であり、検査に万全を期すことは顧客からの信頼維持の決め手であり、決して手を抜いてはいけない重要不可欠の作業です。

　これを契機に全社を挙げて品質第一と検査重視の方針を徹底して実施していくことにつきます。

[6]　品質管理のレベル診断表に記入する

　次の1～4の設問のなかで最も該当するものを選び部分診断欄に記入します。

　まとめ診断は、3が最重要な視点であることも勘案して、A′B′C′D′いずれかを自己診断してください。

診断No.16 品質管理のレベル診断表

レベル No.	a'	b'	c'	d'	部分診断
1．品質管理 のレベルは	かなり高い	普通	やや低い	低い	
2．検査体制 のレベルは	高い	普通	やや低い	低い	
3．不良品の 発生率のレベ ルは	ほとんどなく かなり低い	低く許容範囲	時折発生	割合多い	
4．作業標準化 徹底のレベルは （マニュアル整 備も含む）	かなり徹底 している	普通	やや不十分	不十分	
まとめ診断					A' B' C' D'

コラム

経営上の数値は個数と金額で判断するのがいちばん

　経営上の数値は個数と金額で判断するのがいちばんです。率（％）ばかり見ていると実態を見誤るリスクを伴いますので要注意です。

　かつて軽自動車メーカーのスズキの鈴木修会長は、「週刊ダイヤモンド」誌上で、経営数値は率より、個数を特に重視しなければならないと述べておられました。
　大変参考になると思いますので、ここで紹介しておきましょう。

　たとえば、「不良率が0.01％に下がりました」という報告も、そのまま聞いていたら、「不良率はかなり低く、まずまずだな」と合点し了承するはずです。
　しかし、よく考えてみると0.01％という数値は、1万個に1個の不良

品が発生するということです。

　車の場合は約2万点の部品で構成しているので、単純計算すると車1台分で2個の不良品が発生するということです。

　これで合点していたら、とんでもないことになるという話です。

　スズキの国内生産台数が仮に100万台の場合は、車1台で2万点の部品だから、1台で2個、100万台で200万個の不良品が発生する計算となります。これは大変なことだと問題を提起されています。

　さらに加えて、金額でも不良品の損害を把握しておく必要があると強調されています。

　1個1,000円の部品と1個10,000円の部品では、損害のレベルは違ってきます。

　このため数値は率で見ていては実態が隠れて見誤ることになります。率（％）は、あくまで参考数値にとどめ、実数つまり個数で見る、という考え方にはなるほどとうなずけます。

［7］納期管理のレベルを
　　診断する

　納期遅れは損害発生と信用失墜の大きなリスクを背負うことになります。このため絶対に納期遅れを起こさないよう細心の配慮で管理していくことが求められます。

◎　納期遅れの主な原因と対策
　1）　受注時の安易な納期承諾により発生

　防止策の基本は、受注前の在庫の確認、必要製造日数などについて、製造部門や関連部門としっかり打ち合わせをして確認しておくことです。

　また、受注交渉の際は絶えず納期を意識して万全を期しましょう。

2)　生産計画の不備により発生

　生産面では、使用予定の機械設備などが稼働中や修理中で結局、使用不能、また使用する原材料、部品などが仕入先や外注先からの入手遅れで納期遅れを招くこともあります。

　特に受注生産の場合は納期完全遵守経営と位置づけ、想定される納期遅延の要因を検討したうえで、慎重に納期を策定することが求められます。

診断No.17 **納期管理のレベル診断表**

レベル	A′	B′	C′	D′
納期管理	十分	普通	やや不十分	不十分
診断				

[8] 作業管理のレベルを診断する

　下記の1～5の設問のなかで最も該当するものを選び、部分診断欄に記入します。次に、まとめ診断として(1)、(3)が重要視点であることを勘案して、A′B′C′D′のいずれかを自己診断してください。

(1)　従業員は標準化かつ明文化された作業要領を、しっかり理解して仕事に従事しているか。そのレベルは。

(2)　従業員は、常時、前向きに能率アップ、コストダウンを念頭に仕事の改善に努めているか。

(3)　設備、機械などは同業他社と比較して優れているか。

※(3)のレベル診断には、先端IT技術（IoT、AIロボットなど）の業界での活用状況と比較して、自社のレベルも加味して判定の資料とします。

(4) 原材料、部品などが効率的に使われ無駄がないか。

(5) 原材料、仕掛品、工具備品、商材などの置場が、きちんとわかり
やすく整理整頓されているか。

診断No.18　作業管理のレベル診断表

No.＼レベル	a′	b′	c′	d′	部分診断
(1)	高い	普通	やや低い	低い	
(2)	かなり前向き	普通	少し もの足りない	もの足りない	
(3)	優れている	普通	少し劣る	劣る	
(4)	かなり効率的	普通	少し非効率	非効率	
(5)	とても わかりやすい	普通	少し わかりにくい	わかりにくい	
まとめ診断					A′B′C′D′

◎　**参考診断**

IT導入のレベル診断

次の1～4のうち、自社の最も該当するものを選び診断欄に記入して
ください。

　Q. IT技術（IoT、AI、ロボットなど）の導入について

　1. 現在、導入し稼働し成果を上げている。

　2. 導入の準備も進展し近いうちに導入できる見込み。

　3. 導入を検討中である。

　4. いまのところ、特に必要性が薄く導入を検討していない。

＼レベル	1.	2.	3.	4.
診断				

［1］社長の仕事を 10項目で診断する

　社長の仕事は多岐にわたりますが、本書では、主な仕事のうち下記の10項目を挙げます。

　　1．経営理念の社内浸透度の診断
　　2．ビジョンと経営戦略の社内浸透度の診断
　　3．経営計画のレベルと従業員の取り組み方の診断
　　4．主要顧客の満足度をチェックしていますか
　　5．主要顧客との関係強化に努めていますか
　　6．新規商材の開発に努めていますか
　　7．組織の合理化に努めていますか
　　8．新規開拓に努めていますか
　　9．従業員教育に努めていますか
　　10．信頼できる後継者の選定・育成に努めていますか

　以上の10項目についてチェックし、診断していきます。

⑴　経営理念の社内浸透度の診断

> 会社経営の基本のライン
> 経営理念→ビジョン（目標）→経営戦略→経営計画

　まず、経営理念から説明していきます。
　この会社は何のために存在するのか、誰のためにあるのかなどの根本

的な理念を定めるものです。

　明文化したものが社是とか社訓とか言われています。これにより、社長はじめ全社員の行動規範として、たとえば顧客満足度に徹する、社員に「生きがいと満足を与える」などを明確に示すことになります。

　すぐれた会社は、社員の1人ひとりが自社のこの経営理念をバックボーンとし、仕事の精神的支柱として行動し、それぞれの仕事を進めます。

　このため、この経営理念の社員への深い浸透度が求められるのです。

　本来は起業時から策定すべきですが、実態は何年か経過し、経営が軌道に乗った段階で定めているケースが多いようです。

　具体的には社員は、どの程度、経営理念を意識して仕事をしているかを診断します。

　次のA′B′C′D′から最も該当するものを選び診断欄に記入してください。

　A′.　確かな経営理念をもち、社内外に公表している。社内でも機会あるごとに各職場で唱和しており、従業員も、この理念を相当意識して行動している。

　B′.　各職場の壁に掲げてあるので、従業員は、ある程度は意識して仕事をしている。

　C′.　社長室に掲げているが、従業員は、それほど意識していない。

　D′.　経営理念は、まだ定めていない。

診断No.19 経営理念の社内浸透度診断表

＼　　　ランク	A′	B′	C′	D′
診断				

(2) ビジョンと経営戦略の社内浸透度の診断

1) 会社を方向づけるため、この経営理念を具現化したものがビジョン（目標としての未来像）です。

たとえば、商圏内で一番店になる、業界でナンバーワンの会社になる、上場する、などです。

それが目標も定めず、ただ漠然と「出たとこ勝負」の経営では、いつまでたっても不安定な経営から抜け出せず、成長発展は望めないでしょう。

何ごとも確たる目標を立て、それに向かって全員が一丸となって全力をつくすことで目標は達成されるのです。

たとえば、スポーツの世界でも同じです。チーム全員が「優勝するぞ」という目標に向かって頑張ってこそ、目標に近づけるのではないでしょうか。

ここでは、目標に向かって、どの程度頑張っているかが問われています。

2) この目標（ビジョン）を達成するためには、何を、どうすればよいかを策定するのが経営戦略です。

具体的には、社員はどの程度、自社の目標と経営戦略を意識しているかを診断します。

次のA' B' C' D'から最も該当するものを選び診断欄に記入してください。

A'. 確たる目標と経営戦略を社員も認識し、実現に向かって全社を挙げて全力投球している。

B'. レベルは高くないが、ある程度は、全社的に実現に努めている。

C'. 一応定めているが、まだ低レベルの段階で、達成意欲もいま一歩の段階である。

D'. ビジョンと経営戦略までは定めていない。

診断No.20 ビジョンと経営戦略の社内浸透度診断表

ランク	A′	B′	C′	D′
診断				

(3)　経営計画のレベルと従業員の取り組み方の診断

1)　経営計画の必要性

計画に基づいた経営は、基本です。

目標実現に向けて経営戦略を実行していくためには、具体的に経営計画を立案し、それをスケジュール化して、「いつまでに」「何を」「どのように」進めたらよいかを策定することが不可欠です。

この経営計画には中・長期の経営計画と短期経営計画（年度計画）があります。

この厳しい変化の激しい時代を乗り切るためには、企業規模の大小を問わず、たとえ小企業といえども、少なくとも短期経営計画に基づく経営は絶対必要です。

2)　経営計画の構成

経営計画は、利益計画、資金計画などを根幹に含みますが、それだけでは経営計画とはいえません。

経営計画には、当然のことですが、マーケティング計画、社員採用計画、設備計画、新商材開発計画など多くの部分計画を含んでいます。

また、常に経営計画と実績の差異をチェックして改善を図り、計画達成に努めることが肝要です。

3)　利益計画

利益計画はその年度の売り上げ目標と利益目標を、それぞれ達成するための方針を具体化し、明示したものです。

この利益計画達成するためには、全従業員にそれぞれの立場で参画し

てもらうことが不可欠です。

　そのためには全従業員が自社の存続発展に不可欠の必要売上高であり、利益額であることを理解して、納得しなければなりません。

　コンセンサスが得られれば、目標達成に向けて全社一丸となり、全力投球してくれる可能性も高まるというものです。

(4)　経営計画のレベルと従業員の取り組み方を診断表に記入する

　次の1～4の設問のなかで最も該当するものを選び部分診断欄に記入します。まとめ診断はNo.1、3が、特に重視点であることを勘案してA′B′C′D′のいずれかを自己診断してください。

　1．経営計画は目標達成への有効な戦略に裏付けられた計画であり、そのレベルは高いですか。

　2．従業員も、それぞれの立場と役割に応じ計画策定に参加していますか。その程度は。

　3．目標達成に向けて、それぞれ全従業員が全力投球していますか。その程度は。

　4．予算と実績を対比して、予算達成のための指導などに努めていますか。その程度は。

診断No.21 **経営計画のレベルと従業員の取り組み方の診断表**

レベル	a′	b′	c′	d′	部分診断
1.	レベル高い	普通	低い	策定していない	
2.	全員参加	関係者が参加	社長幹部のみ参加	社長1人で策定	
3.	全力投球	まずまずの努力	いま一歩努力不足	努力不足	
4.	かなり突っ込んだ指導	まずまずの指導	やや指導不足	指導不足	
まとめ診断					A′B′C′D′

(5) 主要顧客の満足度をチェックしているか

第1章でも述べたとおり、顧客あっての自社です。自社の顧客が満足してくれているか否かを、常にチェックすることは自社の存亡にかかわる重要な命題です。

しかし現実には、制度的にチェックしている企業は少ないようです。

トップは絶えず、このことを意識してチェックを怠らないことが肝心です。

なぜならば営業担当は、「顧客が自社に不満を持っている」と気づいても、上司に報告すると叱られると思い、報告をためらう場合もあるからです。

事態が深刻化してからの報告では、「時、すでに遅し」となります。

できる限り早々と顧客の不満に気づき、気づいたら、すぐ報告し全社的に早急に改善に着手するシステムをつくっておくことが最善の策です。

顧客の不満をチェックするひとつの方法として3カ月ごとか、少なくとも6カ月ごとに、定期的に「得意先満足度チェック表」の提出を営業担当に義務づけて、これを営業管理職とトップがチェックするシステムを導入することも効果があります。

営業担当にとっても、そのつど顧客満足度を推測し、自己反省をうながすきっかけにもなります。

主要顧客の満足度チェックについて、最も該当するレベルを診断表に記入してください。

診断No.22　主要顧客の満足度チェック診断表

ランク	A′	B′	C′	D′
顧客満足度チェック状況	常にチェックして万全を期している	目標売上高定時の期首にチェックしている	顧客に指摘されチェックしている	売上減少など異常を感じチェック
診断				

(6)　主要顧客との関係強化に努めているか

　大口得意先は営業担当に全面的に任せず、社長自身がこまめに顔を出して、会社ぐるみでつき合い、関係強化に努めることが大口得意先維持のためにはきわめて重要です。

診断No.23　主要顧客との関係強化のレベル診断表

ランク	A′	B′	C′	D′
関係強化は どの程度か	かなり関係強化に努めている	ある程度関係強化に努めている	係強化に努めているとまでは言えない	自社営業幹部に任せている 年始挨拶などの表敬訪問する程度
診断				

(7)　新規商材の開発に努めているか

　いま、製造業、卸売業、小売業間の垣根が低くなり、卸売業、小売業でも自社独自商材を開発し自社ブランドで販売しているケースが目立ちます。自社で考案し販売可能な新商材をいかに開発して売り上げを上げるかが問われているのです。

診断No.24　新規商材開発への努力レベル診断表

ランク	A′	B′	C′	D′
新規商材開発に努めているか	かなり力を入れて開発に努めている	ある程度努めている	力が入っているとまでは言えない	努めていない
診断				

(8)　組織の合理化に努めているか

　いうまでもなく企業は、まず各従業員に組織の一員として自身の果た

すべき役割を職務明細書などで明確に示し、従業員にも、それを十分に
理解してもらうことが第一歩です。

　従業員は、これに基づいて目標達成に努めるわけですが、このときい
くらヤル気のある人材の集団でも、組織がまとまって効率よく運営され
ていなければ成果は望めません。

　そこで従業員のヤル気を結集して、全員が一致団結して効率よく目標
達成に努めてもらうためには、どんな組織が自社にとって最良なのか、
また、現行組織の「どこがネック」になっているか、更なる能率アップ
のためには、組織を「どのように変えたらよいか」などチェックして合
理化に努めることが求められています。

(診断No.25) 組織合理化のレベル診断表

ランク	A′	B′	C′	D′
組織の合理化への努力と組織効率のレベルの程度は	合理化に努め組織の効率のレベル高い	合理化努力は中程度、組織の効率は中レベル	合理化努力は不十分、組織の効率は低レベル	合理化努力不在、組織の効率のレベルはかなり低い
診断				

(9)　新規開拓に努めているか

　いうまでもなく新規開拓は、大変困難な仕事です。このため中堅・中
小企業の場合は、新規開拓先の選定と効率的な開拓のためには、業界で
の経験豊富な社長ないし専務が積極的に関与して進めるのが効果的です。

　特に大口の開拓見込先で、自社の開拓活動が後半の段階に入っている
場合は、営業部門だけに任せず、積極的に営業幹部、部員と同行しての
売り込み活動をすると、インパクトがあり効果大です。それは多くの実
績が立証しています。

診断No.26　新規開拓への努力レベル診断表

ランク	A′	B′	C′	D′
トップが先頭に立って新規開拓に努めていますか	かなり力を入れて新規開拓に努めている	ある程度、努めている	力を入れているとまでは言えない	努めていない
診断				

⑽　人手不足のレベルは

　第 1 部で人手不足の深刻化とその対策について述べましたが、業種によっては益々深刻さを増してきています。

　これについて下記の A′ B′ C′ D′ のなかから、自社の人手不足の現状を選び **診断No.27** の人手不足のレベル診断表を記入して下さい。

　A′．人手充足力は十分ありいま人手不足はない。

　B′．人手充足力はなんとか維持しており、いま、ぎりぎりで定員を維持している。

　C′．人手充足力は、やや弱く定員は少し不足気味で推移している。

　D′．常時、人手が不足している。

診断No.27　人手不足のレベル診断表

レベル	A′	B′	C′	D′
診断				

⑾　従業員教育に努めているか

　いうまでもなく企業に不可欠な 4 要素とは、ヒト、カネ、モノ、情報です。

　「モノ」つまり商材は、ライバルと差別化ができにくいのは確かです。

特に卸売業や小売店では、どこも同じような商材を取り扱っているので、商材で差別化を図ることは容易ではありません。

それなら、ヒトをパワーアップして、ヒトで差別化を図るほうが確実です。

規模にもよりますが、全従業員を管理者教育、監督者教育、新入社員教育や仕事に必要な各種の研修などで効率よく教育して、1人ひとりを一騎当千の従業員に育て上げ、ライバルとの競争に競り勝てるよう努めるべきです。

それ以外に、特に中小企業の場合はトップが、従業員1人ひとりに短い言葉でよいから声をかけて、その従業員のためになり、成長に役立つ話をすることが、かなり効果を上げています。

要するに、後述する労働生産性の高い企業は、おしなべて教育に熱心で、経営基盤が強固な企業が多いのは確かで、それだけ社員教育は重要だということです。

診断No.28 従業員教育のレベル診断表

レベル	A'	B'	C'	D'
教育の程度と効果	かなり力を入れ効果大	ある程度効果あり	やや不十分	不十分
診断				

⑿ 信頼できる後継者の選定・育成に努めているか

10年後、20年後、あなたは何歳になっていますか？ 事業承継は上手くいっている企業にとって隠れた課題です。現在、60代で最前線で経営をしている社長も20年後は80代になっています。そうなってから、後継者を慌てて選定・育成しようとしても手遅れになっています。

1)　中小企業の場合

社長が高齢で後継者が未だ決まっていない企業に対しては、銀行も回収面に不安を感じ融資に慎重になるのは当然です。

また、仕入先も従業員もなんとなく不安で、これでは、これからの企業発展も望み薄となります。

2)　後継者の選定と育成は、社長在任中の重要な仕事

同族の中小企業の場合、後継者が未定の段階で高齢の社長が病気で復帰が困難となれば一大事です。経営を任せることができる専務が陣頭指揮してくれるとよいのですが、そうでなければ万策尽きて、事業に未経験の妻や畑違いの息子が新社長に就任するケースも珍しくありません。

しかし、この厳しい時代、素人の新社長では、早晩、経営に失敗する可能性は大です。

このため後継者の選定と育成は、社長にとって不可欠の重要な仕事です。

3)　いま多くの中小企業は後継者難に悩まされている

親族や社内に適当な候補者がいない場合は、M&A で他社への売却、合併なども検討せざるを得ません。

しかし、それも見込めない場合は、自主廃業も究極の選択肢となります。現実に、いま、自主廃業を決めている経営者も多いのです。

(13)　後継者の有無と不在の場合の M&A の可能性を診断欄に記入する

次の A'〜D' のなかから、自社に最も該当するものを選び診断欄に記入してください。

A'. 後継者は息子か親族と決めており、いま、専務として社業に専念させている。あるいは後継者の息子は、まだ社業見習中の段階だが、

補佐役となる専務がいるので問題ない。

　また、息子や親族に後継者はいないが、永年、補佐役として支えてくれた専務を後継者としたい。

B'.　後継者としての親族も専務クラスの補佐役もいないので、社長候補として選抜した幹部社員を教育している段階。しかし、社長としては、まだ未熟で、交替まで時間が必要。

　また、後継者のメドが立たず、M&A で他社への売却を検討している。自社の強みを評価され可能性大である。

C'.　後継者は不在で、できれば、M&A で他社に売却を検討しているが、可能性大とまではいえない。

D'.　後継者は不在で、M&A も見込みないので廃業を決めている。

診断No.29　後継者の有無と信頼度診断表

レベル	A'	B'	C'	D'
診断				

第3章
社長の経営能力と性格を診断する

[1] 次の5項目で診断する

　中小企業の経営診断の場合は、特に経営者の経営能力が重視されます。金融機関の信用調査でも、経営者の評価が60％以上のウェイトがあるといわれています。

　特に経験と勘と度胸ばかり重視して、数値を軽視しがちな経営者、人柄もよく優秀でも商売気の乏しい学者タブの経営者、極端なワンマン経営者などは、一時的に業績はよくても長続きはしないのは当然でしょう。

　こういう問題型経営者は、有能な専務の補佐役がいるかいないかがポイントです。

　本書では、次の5項目を診断の対象とします。
　1．先見力（将来への洞察力）があるか
　2．数値重視の経営をしているか
　3．統率力があるか
　4．決断力があるか
　5．バランスのとれた経営をしているか

(1)　先見力（将来への洞察力）があるか

　これは自社を取り巻く経営環境の変化、たとえば技術革新の進展、得意先の海外移転、小売立地の変化などを常に注視して、変化に耐える施策を策定することです。

　この変化を見すごしたり、対策が遅れたりすると、取り返しがつかない事態を招くことにもなります。

1)　トップとして必要な先見力

主に、次の動向を見定めることです。

◎　自社主力商材のこれからの動向

◎　業界のこれからの見通し

◎　市場や主要得意先のこれからの動向

◎　景気全般の動向

2)　トップとしての先見力の事例

　かつて世界のフイルム業界第1位が米国コダック社で、2位が独アグファ社、3位が富士フイルムでした。

　それがカメラの技術革新によるデジカメの登場で、あっという間にフイルムの需要が激減した結果、1位、2位の会社は倒産してしまいました。

　それに対して富士フイルムは、液晶フイルムや医療用画像などの関連分野を大きく伸ばすとともに、傘下の富士ゼロックス（2021年4月1日富士フイルムビジネスイノベーションと社名変更）や新しく傘下に入れた富山化学（医薬品製造）なども利益に貢献し、成長発展しています。

　いかにトップの先見力が求められているかの実例です。なお富士フイルムホールディングスの古森会長は、これに加えて本書でも後記する、素早い判断力も功を奏したと述べられています。

　（※古森会長は2021年6月に退任され最高顧問に就任）

診断No.30　先見力のレベル診断表

レベル	A′	B′	C′	D′
先見力の程度	確かな先見力がある	普通	やや劣る	劣る
診断				

⑵　数値重視の経営をしているか

1）　数値重視の経営の必要性

　この厳しい時代、経験や勘だけを重視して、数値軽視の経営を続けていては、発展は期待できないどころか、いつかは経営危機に直面する可能性も大です。

　当然、銀行も不安視して信用度も低い評価となります。

　しかし現実として、中小企業の社長のなかには数値を苦手としている人も少なくありません。

　会社整理に多くの実績がある弁護士から、倒産した後の自社整理の際に、「自社の財務内容の主な数値の概況」を質問しても、よくわからなくて答えられない社長が少なくなく、整理に手間がかかり難儀しているという話をよく聞きます。

　切羽詰まった異常事態で気が動転しているせいも少しはあるでしょう。

　数値重視の経営をしていれば、もっと早く気がつき倒産防止の手を打てたかもしれません。

　ともかく会社経営にとっては、数値重視の経営は不可欠です。

　この数値重視の経営をしているか否かのひとつの目安きは、月次決算表の作成時期と、その活用状況があります。

2）　月次決算表を月初めに作成し活用しているか

　月次決算表は毎月、月末にその1カ月間の経営実績をまとめて決算して、月次の決算書として月初めに作成するのが、最も望ましいのです。

　こうすると、この1カ月間の売上高、コスト、利益などが把握できます。また、この数値を月次予算と比較しチェックすることで、翌月の改善点の対策を講ずることができます。

　たとえば、経費が予算よりかなり超過していたのであれば、この増えた理由は何かを検証して対策を講じることができます。

　なお、この月次決算表が部門別、支店別などで作成されている場合は、より問題点が明確に把握できます。

　これにより、翌月に問題点を整理し改善に着手できます。

　年1回の決算書をみるだけでは、1年間も損益状況や改善点が把握できず、問題点の改善に遅れをとるからです。

　なお、この月次決算表を12カ月集計したものが決算書となります。

3)　月次決算表は作成時期が問題

　月次決算表は法的な規制はないので、一般に作成月日はまちまちです。

　なかには翌月の20日から月末にかけて作成している企業もありますが、これでは先月の問題点の把握も遅くなり、対策も後手後手となります。

　やはり翌月の5日ぐらいから10日ぐらいまでに作成しておくことが肝要です（もちろん、そのためには前述した在庫の月末棚卸しは必須の要件です）。

　遅い場合は、この月次決算表を役立てて問題点を改善するという意欲も乏しいのではないかと判断されても仕方がないでしょう。

(3)　数値重視の経営の実践と、その目安としての月次決算表の作成時期と活用のレベルを診断

　次のA'〜D'のなかから、自社に最も該当するものを選び診断欄に記入してください。

　A'.　かなり数値重視の経営をしている。

　　　部門別、支店別などの月次決算表を翌月5〜10日ぐらいまでに作成し、月次予算と対比して対策を講じている。

　B'.　ある程度は、数値重視の経営をしている。

　　　月次決算表は翌月10〜15日ぐらいまでに作成し、遅まきながら月次予算と対比して問題点の改善に努めている。

C′．数値重視の経営をしているとはいえない。月次決算表は作成しているが、かなり遅いので問題点の改善には手をつけず、確認にとどまっている。

D′．どちらかと言えば経験と勘本位の経営と言える。月次決算表も融資のため銀行提出などの必要時に作成しているが、通常は、かなり遅れているか、または作成していない。

(診断No.31) 数値重視の経営レベル診断表

レベル 診断	A′	B′	C′	D′

(4) 統率力があるか

1) 経営には強い統率力が必要

統率力とは、集団をまとめて率いる力を指しますが、社長の統率力には経営手腕はもちろんのこと、人格的にも尊敬を受け人望があることが不可欠です。

つまり、「この社長についていけば間違いない」という全幅の信頼感がベースになっています。

これに加えて、各自にヤル気を喚起させる利益分配制度や提案制度などを取り入れることで、仕事にやりがいが生まれ、全社を挙げて目標に向かって頑張る集団となれば統率力も一段と強化されます。

2) 極端なワンマン経営者はマイナス面が強い

いくら強い統率力があるといっても、極端なワンマンでは、かえってマイナスです。

中小企業の経営者は、ある程度のワンマンでなければ勤まらないでしょうが、極端なワンマンの場合は、マイナス面が強く表われます。

主な弊害は次のとおりです。

① 裸の王様になる

　　たとえばクレーム発生の兆しを感じたとしても、従業員は「報告すると叱られるのではないか」と思うので、つい報告をためらいます。

　　社長が知ったときは、すでに手遅れで重大な損失を招くことがあります。

② いつまでたっても幹部社員が育たない

　　誰もが前向きに改善など考えず、社長の指図どおりに仕事をしたら文句は言われないと、何ごとにも消極姿勢となります。

　　そうなると社員は自分の頭で考えることをやめて、社長の指図を待つだけとなります。

　　これで習慣となると、幹部社員は育たず組織は弱体化し、企業存続も困難となります。

診断No.32　統率力のレベル診断表

レベル／	A′	B′	C′	D′
統率力のレベルは	高い	普通	やや不足気味	不足or極端なワンマンに該当
診断				

(5) 決断力があるか

1) トップに不可欠の決断力

　経営には社長一人で意思決定を迫られることが多々あります。企業の命運に関わる決断をしなければならないこともあります。たとえば次のような事柄です。

◎ 赤字部門からの撤退

◎　信用不安の得意先との取引打ち切り

◎　新商材などの取り扱いや販売

　特に重要なのは決断が間違っていたと判明した場合、すぐ撤回し、新方針を実行する決断ができるか否かです。

　これも、この変化の激しい時代に求められている不可欠の決断力です。この決断力に必要なのは、なんといっても情報収集力です。

　広く関係各方面の役立つ関連情報を収集することです。

　この意味では、不断から情報収集のパイプを関係各方面に張りめぐらしておくことが肝要となります。

診断No.33　決断力のレベル診断表

レベル	A′	B′	C′	D′
トップとしての決断力	十分	普通	やや不足	不足
診断				

⑹　バランスのとれた経営をしているか

　経営の最も重要な点はバランス感覚にあり、と言われるぐらい、この配慮が肝要です。

　特に、この厳しい時代は販売力、資金力管理能力など、それぞれがバランスのとれた成長発展が求められています。

　しかし、たとえば営業出身の社長は、どうしても「売上至上主義」になりがちです。

　なかには、「ともかく売れ売れ」と営業担当にハッパをかけまくり、売るためには値引きにも眼をつぶり、「利益の薄い売上拡大路線」を突っ走るタイプも少なくありません。

　これでは、売っても売っても利益は残らず赤字経営となるか、また回収不能額も多く早晩行き詰まることは、多くの実例が証明しています。

　また、技術系出身の社長は、どうしても設備投資に関心が強く販売面を重視せず、過大な投資に走りがちなタイプが目立ちます。

　しかし投資後は、当初の予測どおりの売り上げが伸びず、借入金の返済が高負担となり、行き詰まるケースが少なくありません。

　その他、回収と支払いの資金面のバランスなど、常に「バランスのとれた経営」を重視した経営は不可欠の命題です。

診断No.34 バランス経営のレベル診断表

レベル	A'	B'	C'	D'
バランスのとれた経営をしていますか	バランス感覚の優れた経営をしている	普通	いま一歩不十分	不十分
診断				

第4章
社員の満足度のレベルを
診断する

　社員満足度が高いということは、企業発展の原動力になります。

　全社的に社員満足度が低い企業の場合は、社員の目標達成意欲も薄れがちとなり、結果的に顧客満足度も低下させて、企業発展を阻害していることは確かです。

　社員満足度の高い企業に共通して言えることは、社内全体が明るく活気があり、社員の表情が生き生きとして、熱心に前向きに仕事に取り組んでいることです。

　おしなべて業績も伸びている企業に多く見られます。

　そこでトップは、いかに社員満足度を高め業績発展につなげるかが求められています。

[1] 次の3項目で 診断する

(1) 社員は仕事に満足し、向上心をもって仕事に取り組んでいるか

　満足度や向上心を高めるのには提案制度などの積極的導入も効果を発揮します。

　どんな仕事にも改善点があり、これを見つけ出して提案することが励みとなり、大きな満足につながっているのです。

(2) 「給料、賞与」など待遇への満足度は高いか

　会社の収益アップが従業員への給料、賞与などのアップに連動するシステムを構築することが満足度アップにつながります。

　こうなると従業員もコスト削減、能率向上に最大限に留意して、仕事へ全力投球することは確かです。

結果として企業業績の向上をもたらす可能性が高まります。

(3) 職場環境（チームワークなど）への満足度は高いか

　これに満足していれば、よいチームワークのもと、一致団結して「ヤル気」を最大限に発揮して仕事に取り組み業績アップに貢献してくれます。
　また、従業員としても居心地がよく、定着率の高い企業となります。

　定着率の悪い原因に、給料が安い、長時間労働など以外に、上司、同僚間など、職場がギスギスとして、コミュニケーションに欠けて、居心地が悪いと退職するケースも目立っています。
　このような場合は、トップとして積極的に従業員との対話を重ねて、職場内の融和を図るように努めることが欠かせません。
　上述の「職場の環境のよさ」は、業績の向上のみならず、定着率を高める不可欠の要素となっています。

　社員の満足度のレベル診断表の部分診断に選んだレベルを記入してそれを総合し、A′B′C′D′のいずれかをまとめ診断します。

診断No.35 社員満足度のレベル診断表

No. ＼ レベル	a′	b′	c′	d′	部分診断
1. 社員は仕事に満足していますか	かなり満足している	ある程度満足している	やや不満	不満	
2. 給料、賞与など待遇面への満足度は高いですか	業界平均より高く満足	特に不満はない	やや不満	不満	
3. 職場環境への満足度は高いですか	かなり満足	特に不満はない	やや不満	不満	
まとめ診断					A′B′C′D′

コラム

社員満足度トップクラスの未来工業

　社員満足度ではおそらく日本の企業ではトップクラスと思われる、前述した未来工業の実例を参考までに紹介しておきます。

　たびたびマスコミで紹介されましたが、型破りの社員待遇の内容は次のとおりです。

1.　たとえば社員の休日も多く（有給休暇の他に）１日の労働時間は７時間15分で昼休み時間は１時間、残業は禁止です。

　これを可能にするために、社員も業務改善して、１人ひとりの効率アップに懸命に努めています。特に時間内に終わらせるためには、どうしたらよいかを常に考えるようになったとのことです。

　また、仕事が遅れている人がいる場合は、皆で手助けして時間内で終わるようにしています。

2.　ノルマはなし

　これに対して社員の気持ちとしては、「これだけ休みがあって、自由に仕事をさせてもらっているのに、ノルマがないからといって売り上げや生産量が目標未達成だったら、申し訳ないので、精いっぱい頑張っています」というのが、大方の意見のようです。

　また、これに関連した出来事ですが、かつて営業管理職の１人が所属の営業部員たちの売上成績を棒グラフにして壁に掲示したことがあったそうですが、それを知った創業者が、すぐにやめさせたとのことです。

　「トップの成績の人はよいが、その他の営業マンに与える影響はマイナス」だから、というのが理由です。

3.　2006年から定年は70歳

4.　給料は岐阜県下ではトップクラス

　こうしてみてくると、会社への社員満足度は申し分ないでしょう。

　参考にしたいのは、どうして、このような理想的な労働条件が可能になったのかということです。

　これは主に、前述した他社と差別化した売れる商材の強みと誰もが羨む労働条件を維持するための全社員の効率的仕事ぶりと、トップを先頭に無駄な経費の徹底的節約などにより実現したのでしょう。

第4部

財務の健全性を診断する
……自社の財務体質をチェックし診断

　財務の健全性をチェックする経営分析項目はいくつかありますが、ここでは必要最低限の6項目に絞って診断していくことにします。

　この6項目とも、本来あるべき必要な数値などを基準にして診断することになります。

　必要数値が基準となるため、業界平均数値や中分類の業種平均数値と自社数値との比較は、あくまで補足参考資料です。

［1］ 自己資本比率（株主持分比率）を 診断

⑴ 自己資本比率とは、総資本（総資産と同額）のなかで、自己資本（返済を要しない）の占める割合を指す

　この比率は財務の健全性を示す指標です。この比率がたとえば50％であれば、「事業に投資しているカネ」の5割は「自分のカネ」（自己資本）だということです。

　残りの5割は要返済の「他人のカネ」、つまり他人資本ということです。

$$自己資本比率 = \frac{自己資本}{総資本} \times 100(\%)$$

　自己資本とは簡単に言うと、資本金と剰余金（これまでの利益の蓄積など）を合計したものです。

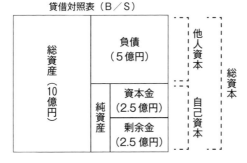

貸借対照表（B／S）

$$自己資本比率 = \frac{5億円}{10億円} \times 100(\%) = 50\%$$

⑵　自己資本比率が何％であるかは重要なチェックポイント

　優良企業の大半は、この比率が 40％台、50％台以上となっています。
このため不景気でも返済額は少なく、経営基盤は安定しています。

　少なくとも 30％台はほしい数値です。

　これが 10％台ともなると問題です。上場企業でも、この比率が 10％
台以下になると倒産するケースが多いのです。

⑶　自己資本の充実は企業にとって不可欠の命題

　これには、利益の内部留保で剰余金を増やすことと、増資して資本金
を増やすことにつきます。剰余金の大小は、その企業のこれまでの収益
力の大小を示し、信用度を表わしています。

　業界平均の自己資本比率を、一部は規模別に掲載しておきますので、
参考にしてください。

業界別平均の自己資本比率　　（単位：%）

自社決算年度	2018年度	2019年度
中小企業庁調査年度	2019年度	2020年度
全産業	40.9	43.8
建設業	43.2	41.8
製造業	44.6	46.5
卸売業	41.0	39.5
小売業	31.0	33.1
運輸業	35.5	35.3
情報・通信業	54.2	59.3
不動産物品賃貸業	39.9	35.8
宿泊飲食サービス業	15.2	16.5
生活関連サービス業娯楽業	33.4	38.4
専門技術サービス業	49.7	76.4
その他サービス業	48.3	46.6

資料「中小企業の財務分析」（2019年度調査）
　　　「中小企業白書」（2020年度調査）

　自己資本比率は多くの業界で3割台をキープしており、まずまずの比率です。上場企業の場合は、「会社四季報」の財務欄に株主持分比率として掲載されています。また「会社四季報（未上場会社版）」にも掲載されています。ちなみに大企業で多いのは、40％内外です。

　参考までに日本を代表する優良企業の自己資本比率は、次のとおりです。（2020年3月期）

	任天堂	信越化学	京セラ	三井物産	富士フイルム
自己資本比率（%）	76.6	83.2	74.2	36.5	62.1

	清水建設	武田薬品	トヨタ	パナソニック	
自己資本比率（%）	42.7	40.1	37.6	37.9	

※なお、日本を代表する企業でも、企業買収などで、この比率が低い事例がありますが、収益力など総合力で優れている場合は、特に問題はないと理解できます。

⑷　自社の自己資本比率の診断の手順

1S　自社の自己資本比率の推移と業界平均を記入し比較

自社決算期		2017年度	2018年度	2019年度
中小企業庁調査年度		2018年度	2019年度	2020年度
自社自己資本比率				
中分類	業種平均同上比率			
大分類	業界平均同上比率			

2S　自社の自己資本比率の基調と業界平均との優劣を判定

	a	b	c	d
業界平均との比較	自社が高い	業界平均とほぼ同じレベル	自社がやや低い	自社がかなり低い
判定				

　　ただし、上記判定は参考資料とします。診断は本来あるべき比率を診断のベースとするためです。

※特に業界平均より、かなり低く、この原因を把握していないときは、原因を追究し、改善を図り、この比率アップを図ることが急務です。

診断No.36　自社自己資本比率のレベル診断表

レベル	A^2	B^2	C^2	D^2
自己資本比率	40％以上	～30％台	～20％台	～10％台
診断				

※50％以上は、特に優れた比率です。
※10％以下は、危険水域となります。

[2] 借入金月商倍率を診断する

(1) 借入金月商倍率とは

有利子負債（借金）と売上高の月商分との割合を指します。

つまり、月商の何カ月分の借金があるかをみる指標です。

この比率の高い企業は、当然、銀行からの借入れも困難となるので、資金不足を招き倒産の可能性大です。

今後、この企業が再建の見込みがあるか、それとも存続がむずかしく、いずれ倒産するかの判断の目安として、最重要な指標です。

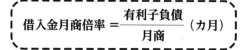

$$借入金月商倍率 = \frac{有利子負債}{月商}（カ月）$$

※有利子負債＝借入金＋社債
※月商＝年商売上高÷12

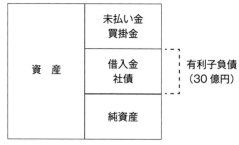

貸借対照表

資　産	未払い金 買掛金	
	借入金 社債	有利子負債（30億円）
	純資産	

$$借入金月商倍率 = \frac{（有利子負債）30億円}{（月商）10億円} = 3カ月$$

(2) 業界別平均月商倍率

平均（カ月）

		19年度調査	TKC経営指標 黒字企業
大分類	全産業平均	4.1	3.5
	製造業	4.2	4.1
	建設業	2.7	2.2
	卸売業	2.1	2.2
	小売業	3.2	2.2
	運輸業	4.8	-
	情報・通信業	3.0	2.1
	不動産物品賃貸業	17.2	
	宿泊飲食サービス業	8.4	
	生活関連サービス業 娯楽業	5.9	
	専門技術サービス業	7.1	
	その他サービス業	2.9	

資料「中小企業・財務分析」（2019年度調査）
　　「TKC経営指標」（2018年度調査）

　特に不動産物品賃貸業や宿泊飲食サービスなどの設備投資型業界は、月商に比し多額の資金を投入している業種が含まれ、かなり高い月商倍率となっています。

(3) 自社の月商倍率と業界平均の月商倍率を比較 （前記の規模別を参照）

自社決算年度		
自社月商倍率		
大分類	業界平均月商倍率	
中分類	業種平均月商倍率	

(4) 自社の月商倍率のレベルを診断表に記入

　下記は、本来あるべき月商倍率の、おおまかな目安の数値です。月商倍率は業界によっては、かなりの格差がありますが一般的な目安として、

下記のレベルに集約されます。自社が該当するレベルを選び診断表に記入して下さい（D2レベル以上に該当する場合は、ここではD2レベルとします）。

(診断No.37) **自社の月商倍率のレベル診断表**

ランク	A^2	B^2	C^2	D^2	診断
製造業	無借金～月商1.5倍以内	月商の～3倍	月商の～4.5倍	月商の～5.5以内	
建設業	1.5倍以内	～2.5倍以内	～3.5倍以内	～4.5倍以内	
卸売業	1倍以内	～2倍以内	～2.5倍以内	～3倍以内	
小売業	1.5倍以内	～2.5倍以内	～3.5倍以内	～4倍以内	
サービス業	1.5倍以内	～2.5倍以内	～3.5倍以内	～4倍以内	

※広い意味でのサービス業のなかには、月商に比し、多額の資金を投入している業種が含まれています。たとえば宿泊業、不動産賃貸業、物品賃貸業などが代表例です。このため、上記のレベル指標は、これらの業種を除く一般的なサービス業の場合に該当することになります。

　一般に借入れの限度額は、財務内容にもよりますが、おおまかですが下記のとおりと言われています。

　　製造業……月商の5.5倍　　　　建設業……月商の4.5倍
　　卸売業……月商の3倍　　　　　小売業……月商の4倍

　この理由は、これ以上、借入額が増えると稼ぎ出す利益からの返済は不可能と判断され銀行の融資も途絶えるからです。
　しかし大企業の場合は、かなり無理な借入れをしているケースもあり、倒産時には負債総額は、借入限度額をはるかに超えてふくれ上がっているケースも少なくありません。

［3］ 流動比率を診断する

……短期的な支払能力を示します。

⑴ 流動比率とは

1年以内に支払う負債（借金）を1年以内に現金化できる資産（流動資産）で、いくら返済できるかを示す指標です。

つまり、1年以内に要返済の短期的な借金を、きっちりと返済できる「現金化可能な資産」を保有しているか否かをみるための指標です。

$$流動比率 = \frac{流動資産}{流動負債} \times 100（\%）$$

貸借対照表

流動資産	現金・預金 受取手形 売掛金 有価証券 （即時現金化可能） 棚卸資産	支払手形 買掛金 短期借入金	流動負債

（留意点）流動資産のなかで、たとえば棚卸資産（在庫）などのなかに不良在庫があれば現金化できず、これを差し引くことになります。

業界別平均流動比率（2019年度調査）(単位：%)

全産業（平均）	170.4
製造業	184.3
建設業	179.2
卸売業	167.6
小売業	138.5
運輸業	165.2
情報・通信業	250.7
不動産物品賃貸業	158.5
宿泊飲食サービス業	112.4
生活関連サービス業娯楽業	130.6
専門技術サービス業	194.9
その他サービス業	195.8

資料「中小企業の財務分析」

(3) 流動比率の理想

理想的な数字は200％ですが、現実的には上記のように150％以上が多く、これだけあれば特に問題はないようです。

この比率の下限は100％で、これ以下になると問題です。

特に90％台になると、かなり資金繰りも苦しく、危ない綱渡りの経営となります。

加えて、売掛金回収遅れ、手形不渡りなどが重なると存続不能に陥る可能性も大です。

これを回避するためには、少しでも余裕のある比率にすることが求められます。

(4) 自社の流動比率と業界平均流動比率を比較してみる

自社決算年度			
自社流動比率	%	%	%
業界平均流動比率	%	%	%

⑸ 自社の流動比率のレベル診断表に記入

下記は本来あるべき流動比率のおおまかな目安の数値です。該当するレベルを選んでください。

診断No.38 自社の流動比率のレベル診断表

レベル	A^2	B^2	C^2	D^2
	160%以上	130%	120%	100%未満
診断				

※150%以上は、まず問題ない
※200%以上が理想
※100%未満は要警戒

[4] 当座比率を診断する

当座比率は「資金繰りに余裕があるか」という支払能力を厳しくチェックする指標で、酸性比率ともいわれています。

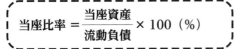

$$当座比率 = \frac{当座資産}{流動負債} \times 100 \ (\%)$$

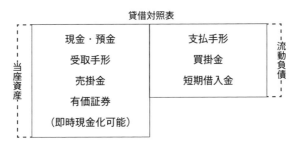

貸借対照表

※当座資産とは、現金・預金、受取手形、売掛金、すぐ現金化可能な有価証券などで棚卸資産などを除外した資産の合計です。
※流動負債とは、支払手形、買掛金、短期借入金など1年以内に支払う必要のある負債です。

(1)　当座比率は100％以上が基準

　しかし、小売業などの業種によっては回転が率早く、100％以下になったとしても、必ずしも、即、支払能力不足で危険信号とは限りません。一般には、90％以下となると、要警戒水域に入ったことになります。

(2)　業界別平均当座比率（2019年度調査）

	業界平均（％）
全産業（平均）	116.4
製造業	128.3
建設業	121.2
卸売業	117.5
小売業	89.6
運輸業	133.3
情報・通信業	187.9
不動産物品賃貸業	85.2
宿泊飲食サービス業	88.7
生活関連サービス業娯楽業	89.6
専門技術サービス業	128.0
その他サービス業	164.1

資料「中小企業の財務分析」

(3)　自社当座比率と業界平均当座比率を比較

自社決算年度			
自社当座比率			
業界平均当座比率			

(4)　自社の当座比率のレベル診断表に記入

　下記は本来あるべき当座比率のおおまかな目安の数値です。該当するレベルを選んでください。

診断No.39 自社の当座比率のレベル診断表

レベル	A^2	B^2	C^2	D^2
	130%以上	110%	100%	100%未満
診断				

[5] 固定長期適合率を 診断する

(1) 固定長期適合率とは

　設備などの固定資産を、どれだけ自己資本（株主資本）と長期借入金などの固定負債でまかなっているかをみる指標です。

$$固定長期適合率 = \frac{固定資産}{自己資本＋長期借入金＋長期設備支払手形} \times 100\,(\%)$$

　企業は固定資産などの設備投資は、資本金の増強や長期借入金などで調達した資金でまかなうのが原則です。

　往々にして過大な投資の場合は、やむを得ず運転資金に手をつけがちで、当然、資金繰りが逼迫し、やがて支払不能に陥るケースが目立ちます。このため、経営の安全性維持には、設備投資は必ず自己資本と長期借入金の範囲内でまかなうことです。

(2) この比率は必ず100％以下で、安全のため余裕を みて90％が限界近い

　小さい数値ほど安全です。

　100％を超えると厳しく、多忙な資金繰りに追われ、否応なく短期の借入金や短期の手形での支払いを余儀なくされ、遠からず資金不足で「危

ない経営」に陥ります。

(3)　業界別平均固定長期適合率（2019年度調査）

大分類	業界平均（％）
全産業（平均）	68.0
製造業	63.3
建設業	54.3
卸売業	54.4
小売業	75.4
運輸業	76.3
情報・通信業	47.9
不動産物品賃貸業	83.2
宿泊飲食サービス業	95.5
生活関連サービス業 娯楽業	90.0
専門技術サービス業	73.2
その他サービス業	58.7

資料「中小企業の財務分析」

(4)　自社の固定長期適合率と業界平均固定長期適合率を比較してみる（参考）

自社決算年度			
自社固定長期適合率			
業界平均固定長期適合率			

　この自社固定長期適合率は安全性確保の視点でレベル診断していくことにします。

（診断No.40）**自社の固定長期適合率のレベル診断表**

レベル	A^2	B^2	C^2	D^2
自社の固定長期適合率	70％以下	～80％	～90％	～100％以上
診断				

[6] 資金繰りのチェックで、手許流動性のレベル診断

得意先倒産など、経営上、いつ、どんな突発的損害が発生するかわかりません。

いくら利益が計上できていても、突然、資金不足が発生し、それを充当できなかったら、たちまち行き詰まります。

このため資金繰り表のチェックは、特に重要です。

毎月の現金預金残高が、いくらあるかの確認は不可欠の命題です。万一、残高が過少のとき、支払日が迫っていれば大至急、資金手当をする必要があるからです。

(1) 手許流動性とは

手許にどれだけの資金があるかを示し、資金繰りの余裕度がわかります。

具体的には、資金繰り表の現金預金残高（翌月繰り越し）などが、月商（年間売上高÷12）の何カ月分あるかをチェックすることです。

つまり、この比率は月商に対して、すぐ現金化できる資産をどれだけ保持しているかを表わしているのです。

$$手許流動性 = \frac{現金・預金＋有価証券（すぐ換金できるもの）}{月商}$$

(2) 最低限必要な手許流動性資金

最低でも月商の1カ月分の現金・預金ないしすぐ現金化できる有価証券を手許に置いておく必要があると言われています。

2カ月分あれば、まず一安心ですが、景気の急速な悪化の場合でも3カ月分を手許に置いておけば安全性は確保できるでしょう。

それでは資金繰りをチェックして、手許流動性のレベルを診断しま

しょう。

　下記に最も該当する自社の手許流動性のレベルを診断欄に記入してください。

診断No.41 手許流動性のレベル診断表

レベル	A^2	B^2	C^2	D^2
手許流動性資金	月商2カ月分以上	〜1.5カ月分	〜1カ月分	1カ月分未満
診断				

　借入れ余力も補足して診断する方法もあります。

　ここでいう借入り余力とは、銀行からの融資余力以外に、社長個人の預金や不動産、親会社の保証による融資、中小企業の場合は政府の「中小企業倒産防止制度」への加入による融資など、万一の際の資金調達の余力のことです。これらの活用により、資金調達能力がさらにアップします。

　しかし、緊急の場合は、すぐ資金化ができるとは限りません。

　資金化できるまでの日数の余裕をみておくことが必要でしょう。

[7] キャッシュフロー計算書（CF）活用のすすめ

　……これは診断ではなく参考資料です。

　当然のことですが、1事業年度の決算の結果、利益を計上していても、その利益額が、そのまま現金残高と一致することはありません。なぜなら、現金化するまでにはタイムラグがあるからです。

　もし、これが後記するように営業活動の結果、キャッシュがマイナスとなったら、いくら決算上で利益が計上できたとしても、要警戒となります。

そこで近年、キャッシュフロー計算書を重視した経営が、ますます重要となっています。

　キャッシュフロー(CF)とは、1事業年度(1年間が多い)内でのキャッシュ自体の"出し入れ"のことであり、キャッシュフロー計算書は、この実際のキャッシュの出入りをまとめたものです。

(1)　資金繰り表との違い

1)　資金繰り表は短期間（主に月ごと）の資金の出入りを記録して、今後の資金不足を予測して、あらかじめ資金対策をたて、万全を期す役割を担っています。

　こうなると、前述した資金繰り表で把握する「手許流動性」の数値は、短期的視点としては最も重要な指標といえるでしょう。

2)　キャッシュフロー計算書は1事業年度内で、キャッシュが出入りした結果、キャッシュが幾ら増え、幾ら減少したかを事後処理して、まとめ、当期末のキャッシュの残高を表示したものです。

　このキャッシュフロー計算書（以下CF計算書と記載）は、2期分の貸借対照表と1期分の損益計算書から作成できます。

　作成の仕方については紙数の関係で省略しますが「キャッシュフロー計算書の作り方」として参考書が市販されていますので、それを参照してください。

(2)　CF計算書は3部門で構成される

1. 営業CF……販売、仕入などの営業活動によるキャッシュフロー
2. 投資CF……設備投資、有価証券投資、貸付など投資活動によるキャッシュフロー
3. 財務CF……資金借入れ、返済などの財務活動によるキャッシュフロー

　このなかで、営業 CF がプラスの数値の場合は、本来の営業活動で
キャッシュを獲得できているので、この余分のキャッシュを借金の返済
や設備などに回すことができます。

　この営業 CF がマイナスであれば、キャッシュ自体が不足の状態であ
ることを示し、このままでは間違いなく支払不能に陥ります。

　なぜ、キャッシュが不足するかと言いますと、回収状況が悪いか、売
掛金、受取手形、在庫などが増加したことで、運転資金が余分に必要と
なり、その分だけキャッシュ自体がマイナスとなるわけです。

　この営業 CF が２期連続でマイナスであれば、かなり危険な状態と
言っても過言ではないでしょう。

　その証拠に、金額にもよりますが、上場企業でも２期連続で営業 CF
がマイナスとなり倒産する場合が少なくありません。

　このため、営業 CF をプラスで維持するためには、どうすればよいか
を常に検討して改善を図ることが命題です。

第５部

診断のまとめ

自己診断まとめ表 (1)

診断 No.		診断項目	利益獲得力レベル診断			
			A	B	C	D
利益獲得力	1	顧客満足度自己診断表	A B C D 欄 に 記 入			
	1′	小売業の顧客満足度診断表				
	1²	ネット通販の小売業への影響度診断表				
	1³	ネット通販に参入の専門店量販店の経営診断				
	2	商材レベル診断表				
	3	新商材開発の意欲と開発力レベル診断表				
	4	営業力レベル診断表				
	5	得意先との取引継続上の問題点診断表				
	6	売上高の基調よりみた成長力レベル診断表				
	7	自社1人当たり売上高レベル診断表				
	8	損益分岐点売上高比率のレベル診断表				
	9	売上高総利益率の健全度レベル診断表				
	10	自社1人当たり経常利益のレベル診断表				
	11	自社売上高経常利益率のレベル診断表				
	12	自社の総資本経常利益率のレベル診断表				
	13	自社の労働生産性の業績への寄与の度合いの診断表				
経営管理力	14	与信管理のレベル診断表	A′ B′ C′ D′ 欄 に 記 入			
	15	在庫管理のレベル診断表				
	16	品質管理のレベル診断表				
	17	納期管理のレベル診断表				
	18	作業管理のレベル診断表				
	19	経営理念の社内浸透度診断表				
	20	ビジョンと経営戦略の社内浸透度診断表				
	21	経営計画のレベルと従業員の取り組み方の診断				
	22	主要顧客の満足度チェック診断表				
	23	主要顧客との関係強化のレベル診断表				

診断 No.	経営管理力レベル診断				診断 No.	財務健全力レベル診断				本文ページ
	A'	B'	C'	D'		A^2	B^2	C^2	D^2	
1					1					26
1^1					1^1					29
1^2					1^2					35
1^3					1^3					36
2					2					40
3					3					41
4					4					50
5					5					52
6					6					55
7					7					60
8					8					65
9					9					72
10					10					77
11					11					80
12					12					87
13					13					96
14					14					109
15					15					112
16					16					117
17					17					119
18					18					120
19					19					122
20					20					124
21					21					125
22					22					126
23					23					127

自己診断まとめ表 (2)

診断 No.		診断項目	利益獲得力レベル診断				
				A	B	C	D
経営管理力	24	新規商材開発への努力レベル診断表	A′B′C′D′欄に記入				
	25	組織の合理化のレベル診断表					
	26	新規開拓への努力レベル診断表					
	27	人手不足のレベル診断表					
	28	従業員教育のレベル診断表					
	29	後継者の有無と信頼度診断表					
	30	先見力のレベル診断表					
	31	数値重視の経営レベル診断表					
	32	統率力のレベル診断表					
	33	決断力のレベル診断表					
	34	バランス経営のレベル診断表					
	35	社員満足度のレベル診断表					
財務健全力	36	自社自己資本比率のレベル診断表	$A^2$$B^2$$C^2$$D^2$欄に記入				
	37	自社の月商倍率のレベル診断表					
	38	自社の流動比率のレベル診断表					
	39	自社の当座比率のレベル診断表					
	40	自社の固定長期適合率のレベル診断表					
	41	手許流動性のレベル診断表					

診断No. 1〜13…利益獲得力レベル診断 14〜35…経営管理力レベル診断 36〜41…財務健全力レベル診断 部、 部、 部各部	1→13
	合計13 (1→13)

(注) 小売業の場合は利益獲得力の1^1、1^2、1^3 (小売業対象) の計3項目をプラスして計44項目で診断する。

診断 No.	経営管理力レベル診断				診断 No.	財務健全力レベル診断				本文ページ
	A'	B'	C'	D'		A^2	B^2	C^2	D^2	
24					24					127
25					25					128
26					26					129
27					27					129
28					28					130
29					29					132
30					30					134
31					31					137
32					32					138
33					33					139
34					34					140
35					35					142
36					36					149
37					37					152
38					38					155
39					39					157
40					40					158
41					41					160

14→35　　　　**36→41**

合計22（14→35）　　合計6（36→41）　　総計41

これまで診断した結果を「自己診断まとめ表」に集計すると、経営の現状が確認できて、経営課題としての問題点や改善点が把握できます。

［1］ 転記の要領

まず本文のなかで診断した 41 項目のレベルを 3 つのグループ（利益獲得力、経営管理力、財務健全力）に分けて、「自己診断まとめ表」に転記します。

3 つのグループ、ＡＢＣＤは利益獲得力、A′ B′ C′ D′は経営管理力、$A^2 B^2 C^2 D^2$ は財務健全力となっていますから、たとえば本文でＡと評価した項目は、この「自己診断まとめ表」の左端のＡ欄に転記します。

［2］ 転記結果を集計

次に、それぞれ 3 つの欄に転記した評価を集計します。

こうして、ＡＢＣＤと A′ B′ C′ D′と $A^2 B^2 C^2 D^2$ の 3 グループを、それぞれ集計することで、自社の 3 グループ別での評価と同時に自社の問題点、改善点が浮き彫りになり、早急な対策の必要性を確認できます。

また、前にもふれましたが、本書の目的はあくまで自社の自己診断です。この診断結果をベースに、自社の利益獲得力、経営管理力、財務健全力を最終的にまとめ、そのレベルを自己判定してもらうことになります。

I

[３] 評価の基準

　評価の大ざっぱな目安は、集計した結果、それぞれ過半数を占めたレベルを、そのグループの総合評価としたらよいでしょう。

　たとえば、利益獲得力のグループの欄で13項目のうち、Aが9、Bが3、Cが1と集計されたとします。

　このようにAが過半数以上で、残りがBで、Cが僅少であれば、「利益獲得力の優れた企業」といえます。

　続けて、経営管理力、財務管理力を評価します。

　この評価の目安となる主な基準をまとめると、次の表のとおりです。

自己診断の主な評価基準

	集計結果	評価	適格要件
利益獲得力	Aが過半数以上で残りがBでCは僅少	利益獲得力の優れた企業	診断No.12 総資本経常利益率がB以上であること。しかし 診断No.1 or 診断No.1 顧客満足度がBの場合は「利益獲得力の準優れた企業」の位置づけとなります
	Bが過半数以上で残りがAかC	利益獲得力の平均的企業 ほほ毎期、小額だが利益を計上している企業が多い	診断No.1 or 診断No.1 はB以上であること
	Cが過半数以上で残りがB（AとDはあっても僅少）	利益獲得力の不安定企業 ほほ毎期、小額だが赤字と黒字を繰り返している企業に多い	
	Dが過半数以上で残りがC（Bは、あっても僅少）	利益獲得力の限界企業 赤字が継続し、じり貧状態で推移している	

	集計結果	評価	適格要件
経営管理力	A'が過半数以上で残りがB'でC'は僅少	経営管理力の優れた企業	(診断No.14) 与信管理力、(診断No.16) 品質管理力、(診断No.30) 数値重視の経営がA'でない場合は「経営管理力の準優れた企業」の位置づけとなります
	B'が過半数以上で残りがA'かC'	経営管理力の平均的企業	
	C'が過半数以上で残りがB'とD'（A'はあっても僅少）	経営管理力の未熟企業 改善課題多い	
	D'が過半数以上で残りがB'とC'（A'はあっても僅少）	経営管理力不在企業 抜本的改革着手が急務	

	集計結果	評価	適格要件
財務健全力	A^2が過半数以上で残りがB^2でC^2は僅少	財務健全力の優れた企業	(診断No.35) 自己資本比率、(診断No.36) 月商倍率がB^2の場合は「財務健全力の準優れた企業」の位置づけとなります
	B^2が過半数以上で残りがA^2かC^2	財務健全力の平均的企業	
	C^2が過半数以上で残りがB^2とD^2（A^2はあってもごく僅少）	財務健全力の不安定な企業	
	D^2が過半数以上で残りがB^2とC^2	財務健全力の限界企業 財務健全力悪化で要警戒	

[4] 診断結果への
補足提言

　景気の安定期、不況期を問わず、かねてから日本の中小企業の７割は
赤字経営と言われ続けてきました。

　つまり、赤字と黒字経営を繰り返してきた企業が７割を占めている
ということになります。

　この視点から中小企業の損益の分布割合を、本書の利益獲得力の評価
に当てはめると、大ざっぱな目安として、Ａが多勢の優良タイプでは、
中小企業の５～10％を占めています。

　Ｂが多勢の平均タイプは20～25％です。

　赤字経営と黒字経営の繰り返しの不安定企業が多数を占めるＣは60
～65％で、残り５～10％が限界型のＤ企業となります。

(1)　Ａが多勢の優良タイプの企業

　大半の企業は利益獲得力のみならず、財務健全力も優れています。(た
だし、新興企業には、財務健全力はいま一歩のケースがみられます)。

　加えて経営管理にも万全を期すよう努めていることがうかがわれます。

　引き続いて利益獲得力を伸ばし、新商材の開発に努め、市場の変化に
備えていきたいものです。

(2)　Ｂが多勢の平均的タイプの企業

　一応、経営基盤も固まり、ほぼ毎期、小額ながら利益を計上している
企業が多いようです。財務体質や経営管理もまずまずで、一定のレベル
を維持しています。

　最大の問題は、利益獲得力が、いま一歩不足の企業が目立つことです。

　この解決は現行商材への付加価値の追加と新商材開発、営業力の強化
につきます。

⑶　Cが多勢の不安定タイプの企業

　利益獲得力が弱いため、ほぼ毎期、赤字と黒字を繰り返して推移しています。このため利益の蓄積が乏しく、財務体質も不安定気味です。

　ここは上記と同じく利益獲得力を格段に強化して、少なくともBが多勢の平均的タイプのレベルに達するよう努めることが急務です。

⑷　Dが多勢の限界タイプの企業

　利益獲得力がかなり弱いため赤字体質が常態化して、じり貧状態で推移している企業が多いようです。このため財務もかなり脆弱化しています。

　早急に抜本的な改革に本腰を入れて取り組み、赤字経営からの脱却が求められています。

　そのためには具体的には、まず「いかに売上総利益額を増加するか」、また「思いきった赤字部門のリストラの断行」などのコストダウン実行による利益確保が再建の決め手です。

　ここまで見てきて、自社の利益獲得力、経営管理力、財務健全力のレベルはいかがでしたか。

　問題点や改善点が把握できたでしょうか。

　特に、財務の健全力に問題点があれば、至急改善に着手する必要があります。

　また、利益獲得力が弱ければ、いかにこれを強化するか、本書に詳述の商材力強化策、営業力強化策などを参考にして、この強化に努めてください。

　さらに経営管理力の分野では、本書でかなり詳説していますので改革への参考の一助にしてください。

　これを契機に自社の強み・弱みを再認識して、特に顧客にアピールできる「強味」は、大いにアピールし、業績向上に役立てましょう。また「弱み」は、その補強に努め体質改善強化して、この厳しい時代の競争に打ち勝つ体制を早急に確立することにつきます。

巻末
本書の参考文献と活用要領

［1］　「中小企業の財務分析」第四版・第五版

副題　経営・原価指標の分析・活用（同友館）宇田川荘二 著

(1)　中小企業庁の「中小企業の実態調査」の結果を集計し
分析して、財務指標として記載しています。
この業界平均指標を自社の数値、比率などと比較して自社のレベル
を診断します。

(2)　対象は大分類として全産業、製造業など 12 業界の平均の財務指
標を記載しています。中分類としては、業種別に 66 業種の財務指
標を記載しています。

(3)　副題として、経営指標の分析と活用の手法を詳細に解説している
ので、自社の財務分析による経営診断に役立ちます。

［2］　「中小企業の財務指標」（同友館）

中小企業庁実態調査をベースに主要に業界と 66 業種の財務指標を記
載しているので、自社の経営診断ができます（2015 年度版迄）

［3］　「中小企業白書」（日経印刷発行）

中小企業基本法に基づき、当該年度の中小企業の動向や中小企業施策
が主な内容です。
末尾に中小企業実態調査に基づく主要 12 業界の 16 の財務指標を記
載しています。

［4］　「TKC 経営指標」（TKC 全国会）

TKC は会計事務所を会員とする情報サービス業で、会員の顧問先企
業の経営指標平均を記載しています。

［5］　その他参考文献

(1)　『日本一社員がしあわせな会社のヘンな "きまり"』（ぱる出版）
山田昭男著

(2)　『常識をひっくり返せばメシの種はいくらでもある』（こう書房）
山田昭男著

(3)　「週刊ダイヤモンド」（通巻 3965 号）

［6］　同業他社と経営数値を比較するための出版物

業界平均でなく、ライバルなど同業他社と比較するためには、下記の
出版物などを検索しましょう。調査対象の同業他社が掲載されていたら、
精度の高い資料となるので活用するとよいでしょう。

(1)　「会社信用録」（東京商工リサーチ）
掲載項目は次のとおりです。
社名
本社住所・電話、設立年月日、創業年月日、営業種目、従業員数、資本金、
代表者、役員、大株主、取引銀行、事業所、仕入先、販売先

業績	売上高	純利益（税引後）	配当
●●年3月	×××	×××	×
●●年3月	×××	×××	×
●●年3月	×××	×××	×

　　　　〔格付〕
　　　　〔概況〕

※格付は、ＡＢＣの3段階で、信用状態を評価して、経営内容の優劣をみる目安としています。
※概況は、たとえば、増収増益、減収減益などの理由や近年の業績状況をコメントし、加え
て今後の業績の見通しを掲載しています。

　ここでの注意点は、未上場の中小企業は決算書を公開しない企業が多いことです。そこで興信所は聴き取りなどで、売上高、利益などの決算項目を推定し、推定決算書として掲載しています。

　さらに調査時間や調査料金の関係で、十分な調査ができないケースがあります。

　そこで、これを補うため、下記の「会社年鑑」やその他の調査資料も突き合わせて確認するのにこしたことはありません。

　また、会社信用録や会社年鑑は年1回発行されているので、直近のもので調査するようにします。

(2)　「会社年鑑」（帝国データバンク）

　掲載項目は次のとおりです。

　社名

　本社住所、TEL、事業内容、設立、資本金、役員、株主、従業員数、取引銀行、事業所、仕入先、販売先、系列

業績	売上高	純利益（税引後）	配当
●●年3月	×××	××	×
●●年3月	×××	××	×
●●年3月	×××	×××	×

　以上(1)、(2)には経常利益や総資本などは未掲載のため、類似同業者との比較は売上高、1人当たり売上高、純利益にとどまります。

(3)　ネット信用情報

　　上述の東京商工リサーチや帝国データバンクなどの信用調査機関が提供している、インターネット上での有料サービスを利用して、企業の経営内容を調査する方法です。

⑷　**「会社四季報（未上場会社版）」**（東洋経済新報社）

掲載項目は次のとおりです。

社名

設立、資本金、従業員数（単独、平均年齢）、決算期、発行株数、URL、特色、近況、事業（売上高構成比）、代表者と略歴、役員、資本異動、株主、親会社、子会社等、上場予定、採用、大卒初任給、本社住所、事業所等、銀行、仕入先、販売先、「財務」（連）＝連結決算、総資産、株主持分比率

業績	売上高	営業利益	経常利益	純利益	配当（円）
●●年3月	××××	××	××	×	×
●●年3月	××××	××	××	×	×
●●年3月	××××	××	××	×	×

（著者紹介）

中川　三樹（なかがわ・みき）

早稲田大学政治経済学部卒業、専門商社を経て、大阪商工会議所の経営指導員、専門相談員などを歴任、その後、経営コンサルタントとして多くの企業の経営診断、経営指導、社員教育に従事している。

[著書]
- 「信用調査27のチェックで取引先の危険シグナルが見えてくる」（こう書房）
- 「販売士2級ポケットマスター」（TAC出版）
- 「販売士3級ポケットマスター」（TAC出版）
- 「かくれた優良企業の見つけ方」（秀和システム）
- 「営業の教科書」（秀和システム）
- 「自社経営診断で儲かる会社に変身する法」（こう書房）
- 「内定率の高い　かくれた大手・中堅優良企業の見つけ方」（秀和システム）
- 「販売士2級　スピードテキスト」（TAC出版）
- 「販売士3級　スピードテキスト」（TAC出版）

経営診断ノート

2021年12月20日　初版第1刷発行

著　者	中　川　三　樹
発行者	中　野　進　介

発行所　㈱ビジネス教育出版社

〒102-0074　東京都千代田区九段南4-7-13
TEL 03(3221)5361(代表)／FAX 03(3222)7878
E-mail▶info@bks.co.jp URL▶https://www.bks.co.jp

印刷・製本／萩原印刷株式会社
ブックカバーデザイン／飯田理湖　本文デザイン・DTP／有留　寛
落丁・乱丁はお取替えします。

ISBN 978-4-8283-0912-5